la Vie professionnelle des Poupées Russes

Vous pouvez consulter notre catalogue général
et l'annonce de nos prochaines parutions sur notre site :
www.cherche-midi.com

Conception graphique : Mickaël Cunha
Illustrations : Marine Luna
Motifs floraux : © Adobe Stock

92, avenue de France
75013 Paris

Mis en page par Soft Office
Dépôt légal : septembre 2020
978-2-7491-6460-1

Marine Baumann Luna et Alexandre Luna

la Vie professionnelle des Poupées Russes

Petit guide impertinent de la reconversion

cherche midi

À George, Georges et Laurence.
Et Churchill, le teckel à poils longs.

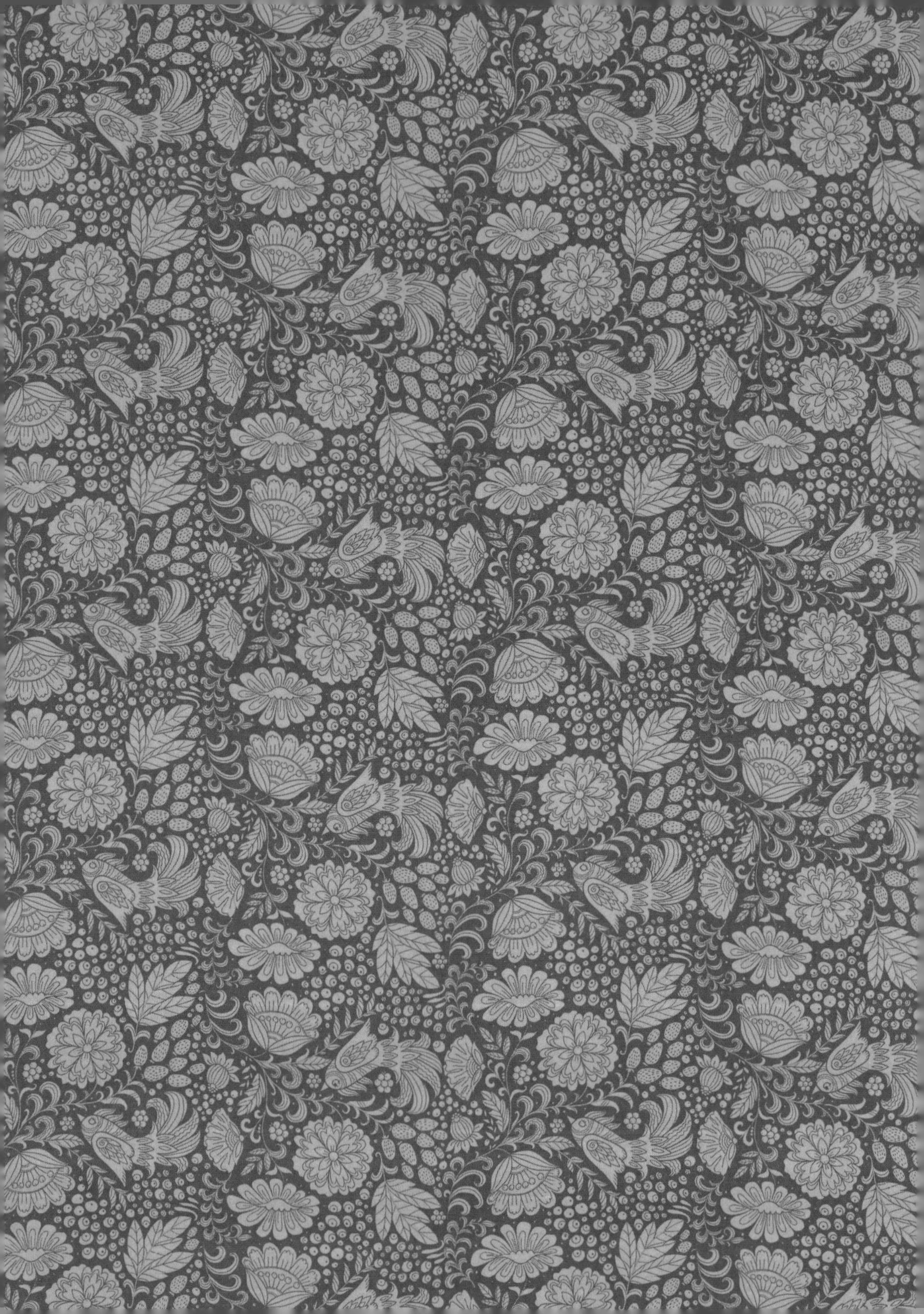

PRÉFACE

« On n'est jamais mieux servi que par soi-même. »

On ne croit pas si bien dire.
On est tellement d'accord avec cette citation de Charles-Guillaume Étienne que l'on va s'occuper nous-mêmes de la préface.

Quel genre de livre est-ce, d'ailleurs ? Du genre qui n'rentre dans aucune case, et c'est sans doute votre volonté si vous envisagez un changement de vie professionnelle. Soyons clairs tout de suite : ceci n'est pas un ouvrage de développement personnel. On n'est pas très à l'aise avec l'exercice. Déjà, parce qu'on ne se voit pas vous dire comment mener votre vie, ni même vous donner un quelconque conseil (sauf de lire ce guide jusqu'à la dernière page si votre rêve secret est de maîtriser la recette des cookies parfaits). Nous ne sommes ni coachs, ni journalistes, ni sociologues ou psychologues. Ni même gourous. Juste deux entrepreneurs un peu rêveurs qui viennent de vivre les cinq années les plus riches/déstabilisantes/complexes/extraordinaires de leur courte existence. (Si vous découvrez ce manuel en 2050 dans votre voiture volante entre deux repas en gélules, sachez que nous faisons référence à la période de 2015 à 2020.) Ensuite, parce que si cet ouvrage devait avoir une ambition, ce serait non pas de vous inciter à « devenir une meilleure version de vous-même » mais simplement de « pouvoir être vous-même » dans votre vie professionnelle et d'en faire un projet épanouissant, équilibré et pérenne.

Au fond, voyez ce livre pour ce qu'il est : le témoignage de deux « reconvertis » qui ont décidé un jour de sauter le pas, pour le meilleur, et parfois le pire. Abordez-le également comme une boîte à outils dans laquelle piocher pour construire le projet qui vous ressemble et vous fait vibrer. La reconversion est un cheminement personnel, intime et long, qui vous appartient. On espère vous aider à vous poser les bonnes questions, à faire vos choix avec un maximum d'informations en main et à être le plus sincère avec vous-même. C'est en quelque sorte le « livre dont vous êtes le héros », sauf qu'il ne s'agit pas de sauver une princesse ou de tuer un dragon, mais de rebondir le plus sereinement possible.

Vous êtes des millions à vouloir changer de vie, peu importe votre âge, votre métier, votre milieu social et vos aspirations. Pour certains, c'est un rêve lointain et abstrait. Pour d'autres, ce n'est qu'une question de semaines. Vous avez tous un point commun : une envie qui mérite d'être exploitée. En somme, vous êtes une poupée russe = une seule et même personne, avec des milliers de possibilités.
Mais comment s'y prendre ? Par où commencer ? Comment faire face aux remarques de votre entourage, aux embûches, aux incompréhensions, au découragement, à la bureaucratie assommante et au pire des ennemis : la peur ?

En somme, nous avons écrit le livre que nous aurions aimé lire avant de nous lancer, en 2015, lorsque nous avons créé

l'impertinente...

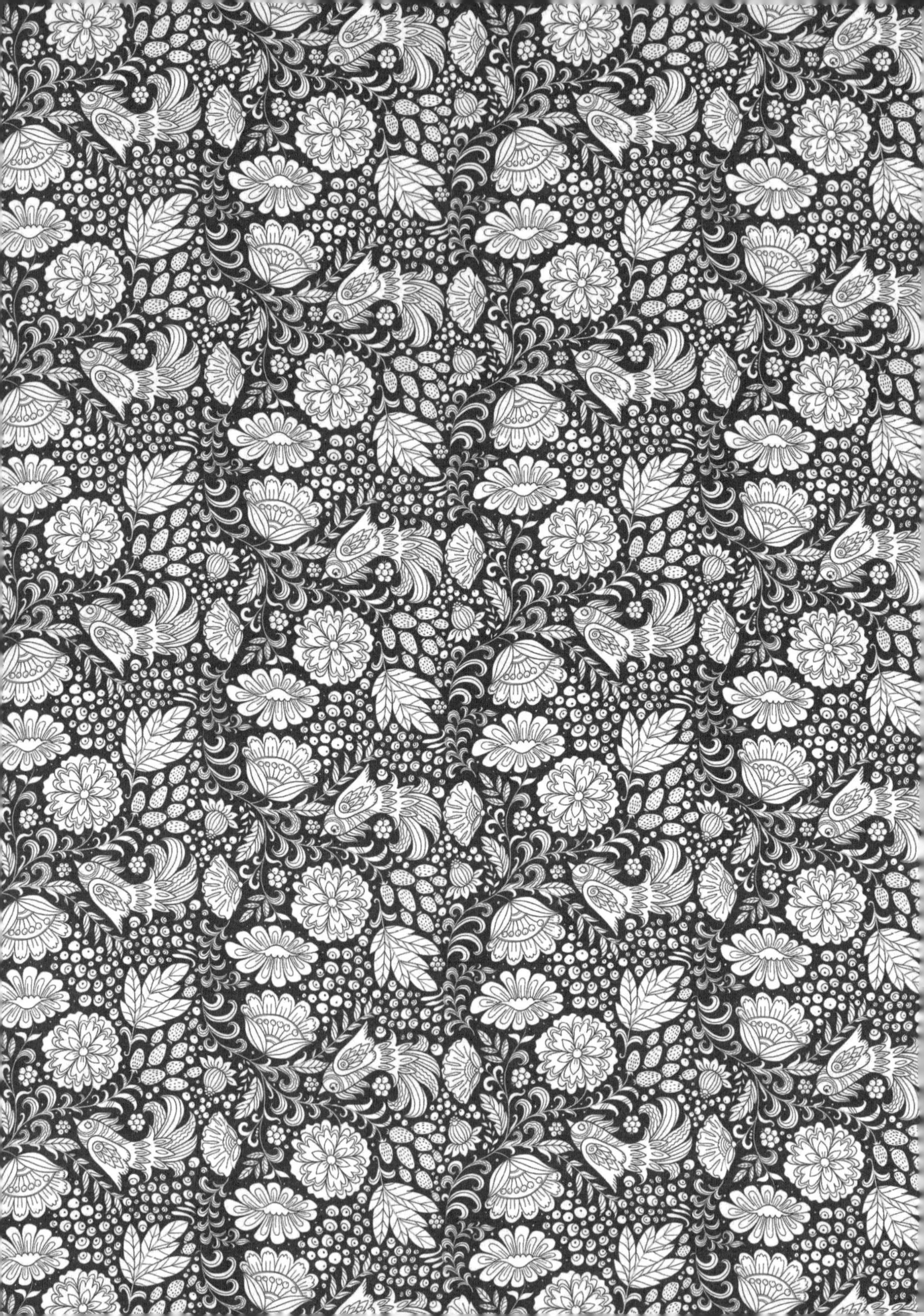

INTRODUCTION

« Impertinente », vous avez dit « impertinente » ?

« À force de vouloir rentrer dans un moule, on finit par devenir tarte ! »
En choisissant le slogan de notre salon de thé en septembre 2014, nul ne pouvait supposer l'ampleur que prendrait ce projet de reconversion… auquel personne ne croyait. Sans doute à raison. Jugez par vous-même : sur le papier, ça avait déjà tout du cliché. Deux jeunes de 24 et 30 ans, déçus du monde professionnel – alors que leurs études supérieures leur avaient vendu du rêve –, décident de se reconvertir. L'une vient du design industriel et a évolué quelque temps dans l'immobilier. L'autre est un communicant aguerri qui a envie de tenter une nouvelle expérience. Et que choisissent-ils de faire en couple ? Ouvrir un salon de thé, pardi ! Imaginez la tête de leur entourage lorsqu'ils ont annoncé la nouvelle : « Cher tous, nous quittons des métiers jugés valorisants et aux revenus confortables pour nous lancer dans la formidable et ô combien inspirante aventure qu'est l'entrepreneuriat. Dans quel domaine ? Très bonne question ! On va vendre des gâteaux. Non, nous n'avons pas de formation en pâtisserie et non, nous n'avons jamais cuisiné pour plus de quelques amis, et alors ? Oui, ce ne sera ouvert que l'après-midi, nos pâtisseries coûteront dans les 4 euros, et on espère bien entendu pouvoir se verser un salaire rapidement, et pourquoi pas embaucher. » Regards ébahis, circonspects, terrorisés. Du coup, on en a remis une couche : « Ah, au fait, on a repéré un petit local un peu pourri, et on s'apprête à signer chez le notaire. Bon, il est juste placé dans l'une des zones les

plus paumées de Lille, avec aucun autre commerce à 800 mètres à la ronde, mais on y croit dur comme fer. Ah, et le nom ? Merci de poser la question ! Ce sera L'Impertinente, le qualificatif qui revenait le plus souvent sur les bulletins de Marine. » Voilà, voilà.

Ceci est un sous-titre pour aérer la page et faciliter la lecture

Neuf mois plus tard, notre premier bébé ouvrait ses portes. C'était le 9 mai 2015, après une nuit blanche à nous demander : « Mais qu'est-ce qu'on est en train de faire ?! » Pendant ces neuf mois, nous sommes passés par tous les états, par toutes les étapes, avec leurs lots de pas en avant et de pas en arrière, par tout un tas de questionnements. Mais nous sommes allés au bout de notre démarche, certainement aidés par notre inconscience et pas mal d'huile de coude.

Ce que nous avons vécu depuis donne parfois le tournis et a été qualifié par certains de *« success story »* (nous verrons plus tard que c'est un peu plus compliqué que ça et qu'il y a eu un prix à payer). L'Impertinente, en 2020, c'est un salon de thé de 37 mètres carrés, toilettes comprises, un laboratoire extérieur de 80 mètres carrés dans lequel nous confectionnons nos pâtisseries, une ouverture du mercredi au dimanche de 13 heures à 18 h 30, des gâtals (un gâtal, des gâteaux ? Non : des gâtals !) à 4 euros en moyenne, une équipe de 11 salariés (dont 7 temps pleins), un teckel et une belle-maman super stars[1]. 72 articles de presse (régionale, nationale et européenne, et même japonaise), 7 passages télé (dont le

1. Churchill et belle-maman sont les héros récurrents de nos aventures sur la page Facebook de notre salon de thé.

20 heures de TF1), une communauté de 47 000 gourmands sur Facebook et 43 000 sur Instagram (en avril 2020) et des milliers de clients qui viennent chaque semaine se « régâtaler » dans notre « poney-club ». « Poney-club » ? Ah oui, c'était une *private joke* pour nous démarquer des salons de thé traditionnels un peu « prout prout », et c'est resté.

Oui, en effet, ça donne un peu le tournis.

Dernière étape de cette incroyable épopée : la sortie de ce livre. Le livre que nous aurions aimé lire en 2015, tout comme nous avions ouvert le salon de thé dans lequel nous aurions aimé prendre notre goûter.

Tout ça grâce à ce fameux « jour de trop ».

Mais si, vous voyez exactement de quoi on parle…

À FORCE DE VOULOIR
RENTRER DANS UN MOULE
ON FINIT PAR DEVENIR TARTE !

Le jour de trop

Celles et ceux qui ont franchi le pas vous le diront : ils ont tous vécu ce fameux « jour de trop ». La goutte d'eau qui a fait déborder le vase. Appelez-le comme vous voulez, il aura toujours le même rôle : celui de déclencheur, de détonateur pour une nouvelle vie. En général, ça donne quelque chose du genre : « J'en peux plus de ces conneries ! Je vais aller élever des chèvres dans le Larzac. » Sauf que l'on est globalement infoutu de situer le Larzac sur une carte de France et qu'on ne connaît absolument rien au business caprin.

Puisque le maître mot de ce livre sera la sincérité, voici deux « jours de trop ». Le premier, vécu par Marine, le second par Alexandre. Ils ont eu la même finalité – l'ouverture d'un salon de thé – mais les décisions prises, en matière de reconversion, ont été radicalement différentes. Ces « jours de trop » sont racontés par un narrateur omniscient. On va l'appeler Jean-Luc. Il est cool. C'est notre confident.

Le « jour de trop » de Marine

« Alex, assieds-toi, faut qu'j'te parle... »
Oui, ça a débuté comme un tube de Vitaa. La comparaison s'arrête là.
C'était un soir de juillet 2014. Un soir presque comme tous les autres, sauf qu'Alexandre a fait une drôle de tête lorsqu'il a vu rentrer Marine en larmes à la maison. Il était déjà assis et en pyjama – mais qui ne l'est pas à 19 h 28 ? – et s'est immédiatement demandé ce qui clochait chez sa chère et tendre.
« Alex, assieds-toi, faut qu'j'te parle... Je viens de démissionner, j'arrête l'immobilier. »
Marine avait 24 ans, Alexandre, 30. Marine ne portait pas de pyjama à 19 h 28.

Deux ans plus tôt, après des études en design industriel, elle se destinait à une carrière ambitieuse à l'international pour dessiner l'électroménager du futur dans une firme mondialement connue. Un stage de quelques mois à Stockholm l'a dissuadée de poursuivre dans cette voie. Coincée dans un immense open space rempli de Suédois ultra cool et sapés de façon très smart, Marine fut rapidement atteinte de ce qu'on pourrait appeler « le syndrome de la jeune diplômée ». Pendant ses cinq années d'études, on lui avait expliqué qu'elle ferait partie de l'élite, qu'elle allait changer le monde et l'avenir de millions de consommateurs grâce à sa créativité. Mais ça, c'était avant. Avant l'immobilisme qui règne dans ces super structures où chaque décision doit être analysée, débattue, décortiquée... puis abandonnée. Avant les guerres d'ego qui pourrissent les relations entre les services et les équipes. Avant qu'on lui fasse comprendre qu'il était préférable de ne pas proposer de meilleures idées que

son N + 1, question de hiérarchie… et de survie. Et avant qu'elle passe huit heures par jour dans un bureau. Le mal du pays a fait le reste. Retour au bercail, avec une première reconversion vers un métier « au contact des clients, sur le terrain ». Dirigeante d'une agence immobilière, sa maman l'invite à la rejoindre « pour voir ». Pourquoi pas, après tout ? Elle a 22 ans, du bagou et la vie devant elle.
Un an plus tard, elle rencontre Alexandre et s'épanouit globalement dans son métier. Ça aurait pu continuer ainsi pendant des années, mais il y a eu ce fameux « jour de trop ». Depuis quelques semaines déjà, Marine ressent des signaux faibles et une forme de frustration : elle a beau se démener au quotidien pour trouver le bien immobilier qui correspond au mieux au projet de vie de ses clients – et elle y parvient la plupart du temps –, elle ne reçoit que très peu de remerciements. Voire de l'ingratitude. Ça donne en gros : « Vu votre commission et le prix de la maison, heureusement que vous faites bien votre boulot ! » Comme beaucoup d'entre nous, Marine a besoin d'humanité pour se sentir professionnellement à sa place. Un jour de juillet 2014, il y a « l'ingratitude de trop ». Une remarque apparemment anodine qui la fait éclater en sanglots dans sa voiture quelques minutes plus tard. Sa maman est compréhensive et lui demande ce qu'elle compte faire. « Un métier manuel, dans lequel on voit immédiatement le résultat de son travail et qui fait plaisir aux gens. » Ouvrir un salon de thé est une évidence, et Marine se sent prête à tout lâcher pour tenter l'aventure. Une reconversion totale, sans filet et sous une forme inédite pour elle : la création d'entreprise.
Ce soir de juillet 2014, Alexandre se montre compréhensif, lui aussi. Il n'a plus jamais porté de pyjama depuis.

Les « jours de trop » d'Alexandre

Alexandre est à ranger dans la catégorie des anxieux. Quelque chose du genre « Tout va bien, mais on ne sait jamais, tout peut s'écrouler demain ! » Et que font les anxieux ? Ils se rassurent... en cumulant ! Je n'ai jamais vu un type avec une telle collection de chemises bleues. Mais bon, ce n'est pas le sujet du livre.

Dès son plus jeune âge, Alexandre prend conscience qu'il ne rentrera jamais dans aucune case. Il passe ses dix-huit premières années à attendre... d'être enfin aux manettes de sa vie. Sa scolarité est longue, souvent frustrante et teintée d'ennui. En somme, on essaye de lui apprendre à faire entrer des ronds dans des carrés et vice versa. Cette période est une succession de « jours de trop » qui ont forgé son caractère indépendant.

Le baccalauréat en poche, Alexandre s'inscrit dans une école de commerce pour « garder un maximum de portes ouvertes et prendre le temps de bâtir un projet personnel et professionnel sur-mesure ». Enfin, c'est ce que racontaient la brochure et la dame du salon étudiant. En cours, on lui explique qu'il est impensable de lancer un produit sans une pyramide de Maslow, une matrice BCG ou une analyse SWOT. On retire des points à son rapport de stage s'il n'a pas laissé une page vierge entre la couverture et le sommaire, ou si la pagination ne respecte pas à la lettre ce qui a été demandé. On lui lit des heures durant des PowerPoint, mot pour mot, qu'il recrache, mot pour mot, aux partiels de fin du trimestre. Qu'en reste-t-il six mois plus tard ? Absolument rien, si ce n'est l'envie de s'installer à son compte.

Un « jour de trop » pendant son stage de fin d'études finit de le convaincre : trois signatures différentes de trois services différents sont nécessaires pour obtenir une fourniture de bureau. Pire encore : il découvre que les salaires des collaborateurs de l'entreprise dépendent de l'école dont ils sont diplômés. À poste égal.

La frustration est parfois un excellent moteur : à 22 ans, Alexandre monte son entreprise de communication, spécialisée dans l'écrit et la politique. Pendant cinq ans, les journées se suivent et ne se ressemblent pas, le rythme est exaltant, les missions passionnantes. Finalement, une école de commerce n'était pas une si mauvaise idée : on lui a appris une méthode de travail plutôt efficace, à présenter un projet convaincant en quelques minutes et à être à l'aise avec un public hétérogène.
Mais il y a ce « jour de trop » : celui où il passe trois heures en réunion avec un client qui lui explique que « le bleu choisi pour sa plaquette n'est pas assez tourné vers l'avenir et n'incarne pas le caractère fondamentalement optimiste de sa société ». Pourtant, Alexandre s'y connaît en bleu, avec sa collection de chemises. Il se dit alors qu'il fait tout de même « un boulot à la con » et réfléchit à d'autres projets, davantage orientés vers l'humain et la transmission. Il parvient à convaincre deux écoles – dont l'une de commerce – de l'embaucher et propose des cours, garantis sans PowerPoint, liés à la culture générale et à la communication écrite. Une première reconversion à 27 ans, durant laquelle il prend conscience qu'on ne repart jamais vraiment de zéro : on se sert de ses expériences pour en bâtir une nouvelle.
Mais Alexandre n'est pas Marine : il est, on le rappelle, à ranger dans la catégorie des anxieux. Pendant trois ans, il cumule alors deux activités et ne compte ni ses heures, ni ses jours, ni ses nuits. Il pourrait très bien en arrêter une et vivre tout à fait convenablement, mais « On ne sait jamais, tout peut s'écrouler demain ! »
Et puis il y a ce soir de juillet 2014, où il voit Marine rentrer en pleurs. Ensemble, ils décident de monter un salon de thé ; une

nouvelle reconversion à 30 ans, et toujours cette fichue anxiété. L'année suivant la création de L'Impertinente, il jongle donc quotidiennement entre trois métiers. Jusqu'à ce « jour de trop » : celui où le corps et le mental lui disent STOP. En jargon médical, on appelle ça un burn-out. Il renonce alors à l'enseignement dont il estime avoir fait le tour et se consacre aujourd'hui à ce qui le fait vibrer : des projets de communication avec un maximum de sens pour des clients qui partagent ses valeurs, et la gestion des coulisses de l'établissement créé avec son épouse (comptabilité, communication et ressources humaines).
N'empêche, ses pyjamas lui manquent souvent…

La vérité, rien que la vérité

Maintenant que l'on se connaît un peu mieux, nous allons pouvoir entrer dans le vif du sujet : votre reconversion. Si nous avons été si sincères avec vous dans ce préambule, c'est pour deux raisons :

1) Vous inviter à l'être avec vous-même

La reconversion est un chemin personnel, riche en questionnements et en épreuves. La meilleure manière de l'aborder et d'aller au bout de la démarche est de vous connaître, de vous comprendre et de ne pas vous raconter d'histoires. Nous vous y aiderons, notamment à travers notre cahier d'exercices (voir p. 129), mais chacune des décisions que vous prendrez vous appartient.

Si nous avions été payés au mot, nous aurions répété « Soyez sincère avec vous-même » pendant quatre ou cinq pages. À la place, nous vous proposons la métaphore du tri du dressing : ce fameux jour où vous essayez tous vos pantalons pour faire le point et vous rendez compte – ô surprise ! – que vous ne pouvez plus enfiler votre jean fétiche. Que faites-vous la plupart du temps ? Vous le gardez, puisque vous avez prévu de vous remettre au sport et d'arrêter ces saloperies de barres chocolatées pour perdre les 3 ou 4 kilos qui font barrage à votre style vestimentaire. Soyez sincère : il y a 9 chances sur 10 que vous ne rentriez plus jamais dans ce beau futal. Et c'est très bien ainsi. Offrez-le ou revendez-le, et passez à autre chose. Et si, au contraire, ce pantalon vous donne envie de reprendre une activité physique, et que pouvoir le porter de nouveau est votre objectif, c'est très bien aussi. Faites simplement le nécessaire pour y parvenir. Le mécanisme sera le même avec votre reconversion : personne ne vous connaît mieux que vous. Soyez réaliste avec vos désirs, tentez de comprendre vos limites, tout en conservant cette petite part de folie qui fera la différence. Parce que faut pas déconner non plus.

2) Vous montrer qu'il n'existe pas qu'un seul type de reconversion

Il y en a des dizaines, peut-être même des centaines. Notre exemple est d'ailleurs frappant : l'une arrête tout avant de lancer une nouvelle activité, tandis que l'autre les cumule de peur de tout perdre. Aucun de nous deux n'a tort ou raison. Nous connaissons nos limites, nos peurs, notre façon de fonctionner et faisons en sorte d'agir en conséquence et en cohérence.

Votre reconversion sera à votre image et dépendra de votre profil (voir p. 129 du cahier d'exercices) : allez-vous créer une société pour vivre de votre passion ? Changer de poste au sein de votre entreprise ? Quitter votre boîte et postuler pour une autre afin d'exercer le même métier ? Ou vous investir dans le milieu associatif pour vous apporter l'air dont vous avez besoin au quotidien ? Notre objectif est de vous fournir toute ou partie de la réponse à la fin du livre.

Promis, après ça, on passe aux choses sérieuses

Pour finir, et pour être tout à fait complet – et toujours sincères –, ce manuel de la reconversion est avant tout tiré de nos expériences, de nos ressentis et de nos opinions. Parfois, vous serez d'accord, parfois, non. Il est même possible que vous ayez envie de vous en servir comme allume-feu, mais si nous parvenons à semer la petite graine de la reconversion en vous, nous aurons rempli notre mission. Comme nous n'avons ni tout vu ni tout vécu, et que nous souhaitons être les plus exhaustifs possible sur le sujet, nous avons invité quelques *guests* à livrer leur témoignage pour éclairer ou compléter notre propos. La plupart sont issus de la communauté impertinente, et nous en profitons pour les remercier.

C’est parti mon kiki !

Ce sera notre première leçon sur la reconversion : assumez tout, de A à Z. Même vos sous-titres les plus honteux.

Partie 1

J'ai acheté ce livre pour :
A. Caler un meuble
B. Apprendre le russe
C. La mer Noire
D. Me reconvertir ! Kesta pas compris JP ?

Tout ce que vous avez toujours voulu savoir sur la reconversion

(Sans jamais oser le demander)

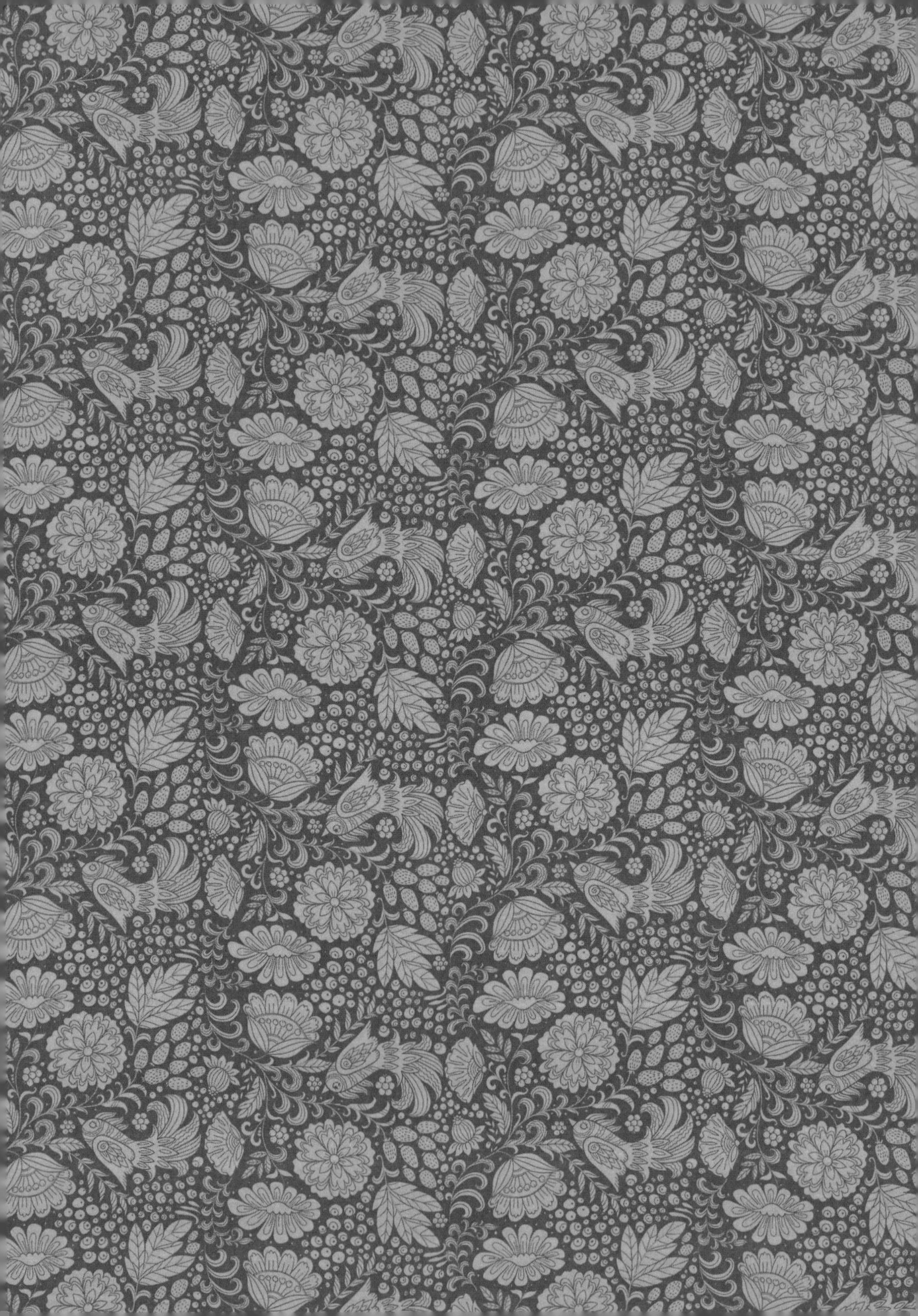

L'ENFANCE

« Il y a des choses de l'enfance que seule l'enfance connaît. »

Ne cherchez pas : nous non plus, nous n'avons rien compris au sens de cette citation de Colum McCann, écrivain irlandais né en 1965, apparemment célèbre, mais que nous ne connaissions pas avant de taper « citation enfance » sur Google.
Mais pourquoi l'enfance ? Et quel rapport avec la reconversion ? Parce que c'est là que tout se joue et qu'on a souvent tendance à l'oublier. Oui, nous allons vous faire économiser dix ans de thérapie. Ne nous remerciez pas, tout le plaisir est pour nous.
L'enfance, donc. Période de tous les possibles et de tous les paradoxes.

Tu veux faire quoi quand tu seras grand ?

Posez cette question, somme toute anodine, à un enfant de 6-8 ans. Docteur, pompier, vétérinaire, professeur des écoles, footballeur, youtubeur (entendons-nous, tout est à transposer au féminin : doctoresse, pompière, vétérinaire, professeure des écoles, footballeuse, youtubeuse…, mais nous n'avons pas été très attentifs aux cours d'écriture inclusive) : en moyenne, on oscille entre 10 et 15 métiers alors qu'il en existe des centaines de milliers. À cet âge, personne n'en a conscience, et les parents estiment qu'on a LAR-GE-MENT le temps d'y réfléchir. Ce n'est

pas entièrement faux. Néanmoins, si la famille, les enseignants et la société en général inculquaient dès les premières années cette notion de variété aux enfants, les futurs adultes qu'ils sont auraient probablement plus de facilités à se projeter et à construire un projet épanouissant.
Heureusement, les enfants sont souvent plus malins (ou imaginatifs ?) que nous, les adultes bien rangés. Posez-leur la même question un an plus tard. Ils seront passés de dentiste à conducteur de camion en un claquement de doigts. Sans en être pleinement conscients, sans doute ont-ils déjà acquis le concept de reconversion et l'idée que, non, nous ne ferons pas le même métier toute notre vie.
Autre élément important : ils n'émettent, la plupart du temps, aucun jugement de valeurs. Dans leur monde, il n'est pas plus valorisant d'être dentiste que conducteur de camion.
C'est un peu plus tard que les choses se gâtent…

Chacun sa voie, chacun son chemin

Ça commence en général juste avant la troisième. L'heure du C.H.O.I.X., véritable fil d'Ariane à suivre jusqu'à l'entrée dans le monde professionnel. Sauf que, en ce qui nous concerne, à 13 ans, nous pensions davantage aux amourettes, à la prochaine soirée chez Émilie, au match du samedi ou, éventuellement, au devoir surveillé du lendemain qu'à notre futur métier. C'est plutôt sain, d'ailleurs, mais le système scolaire ne semblait pas partager notre avis. Jean-Luc, notre ami imaginaire et narrateur omniscient, nous donne la parole. (Merci, Jean-Luc !)

Alexandre :

« À 13 ans, je savais – sans vraiment l'exprimer – que "quand je serai grand, je serai payé pour écrire", mais pour moi, ce n'était pas un vrai métier.
Estimant que j'avais le niveau suffisant et l'air intelligent (j'avais toujours le regard du type qui réfléchit à un truc super profond alors qu'en réalité je pensais au dîner qui m'attendait), on m'a invité à mettre toutes les chances de mon côté. "Écoute, mon garçon, en ayant telle moyenne au brevet des collèges, tu pourras intégrer tel lycée, section scientifique européenne (avec les cours en anglais), et tu pourras continuer l'allemand. C'est important, l'allemand, ça fait la différence en entreprise. Pour le latin, tu es libre d'arrêter, mais ce serait quand même chouette de poursuivre."
OK, si vous le dites. Moi, tout ce qui m'intéressait, c'était ma prochaine partie de FIFA 98. En réalité, j'aurais juste aimé que l'on me demande : "Quelles sont tes envies ? Qu'est-ce qui te fait rêver ?" »

Marine :

« Au collège, je voulais être dessinatrice, mais on m'a fait comprendre que c'était un loisir et qu'il fallait "être raisonnable". Qui a envie d'être raisonnable, à 13 ans ? Par chance, mes parents ont accepté que j'intègre une section littéraire, quelques années plus tard. Passionnée de littérature, d'histoire de l'art et de philosophie, j'étais sans doute plus épanouie qu'Alexandre en section scientifique. Mais – car oui, il y a toujours un "mais" – on m'a rapidement expliqué que tout un tas de formations

> seraient inaccessibles avec mon bac littéraire : écoles de commerce, d'ingénieur ou d'architecture, pour ne citer qu'elles. Imaginez ce que cela a comme impact chez une gamine de 16 ans, à quel point ça la conditionne ; elle doit donc s'approprier l'idée qu'il y a un chemin à suivre et que, de toute façon, il fallait y réfléchir avant, et qu'il sera difficile de sortir du cadre. »

On pourrait également longuement parler de ce que Jamel Debbouze appelle « les conseillers de désorientation », mais il n'est pas question de diaboliser l'Éducation nationale, ni de régler nos comptes avec le passé ni même d'en vouloir à nos parents (il y a plein d'autres bouquins sur le sujet). Chacun a sans doute fait de son mieux et ce qui lui paraissait le plus adéquat, en prenant en compte ses croyances, son expérience et le système tel qu'il existait à l'époque. Certaines choses ont changé depuis, d'autres non, mais nous estimons que l'on n'inculque pas suffisamment à nos enfants « l'esprit de reconversion » et l'idée que, désormais, nous serons probablement amenés à changer de métier trois ou quatre fois dans notre vie. À bon entendeur...

Le mépris

Vers 13 ans (décidément, il s'en est passé des choses à cet âge-là !), nous avons été les témoins d'un phénomène qui nous a marqués : la machine à trier allait bien plus loin que nous le pensions et le vivions nous-mêmes. Nous en avons croisé les victimes tout au long de notre parcours professionnel, et certains en portent encore les stigmates aujourd'hui. Mais de qui parlons-nous,

exactement ? De celles et ceux qui ont fait le choix des formations dites « techniques ». C'est bien simple, à notre époque (les années 1980-1990), elles étaient présentées comme des « voies de garage », une punition si vos résultats scolaires n'étaient pas suffisants, bref, un « choix de raté ».
Aujourd'hui boulanger, **Thomas**, 38 ans, s'en souvient comme si c'était hier :

> « J'ai trouvé ma vocation dès l'âge de 6 ans. Lorsque je l'ai annoncée à mes professeurs au collège, on m'a regardé comme si j'étais un extraterrestre, avec un mélange de mépris et de désolation. Je n'oublierai jamais cette phrase : "C'est dommage, tu as de bonnes capacités scolaires !" Il fallait une sacrée force de caractère pour rester droit dans ses baskets et ne pas se laisser influencer. Par chance, mes parents m'ont soutenu dans mon choix, malgré les remarques désapprobatrices de leurs amis et même de ma propre famille ! La situation a évolué depuis, notamment grâce aux émissions de télévision autour de la cuisine ou de la pâtisserie, mais j'ai plusieurs anciens camarades qui ont enfoui leurs envies professionnelles pour choisir des voies considérées plus valorisantes. En général, elles ressurgissent quelques années plus tard, lorsqu'ils quittent leur bureau climatisé de la Défense pour ouvrir leur boucherie. »

Ah, ces fameuses cases dans lesquelles on essaye sans cesse de vous faire entrer. En cinq ans, à la tête de notre salon de thé, nous avons entendu des centaines de fois qu'« il n'y a[vait] aucune honte à faire un métier manuel », avec cette idée – implicite – que, dans le monde professionnel, on utilisait soit sa tête, soit ses mains. Ah bon ?! Première nouvelle ! En quoi un chauffagiste, mécanicien, pâtissier ou paysagiste userait moins de matière grise qu'un banquier, graphiste, agent immobilier ou concepteur-rédacteur ?

C'est quand le bonheur ?

Absurde : c'est le mot qui nous vient immédiatement à l'esprit lorsqu'on y repense une fois adultes. Vraiment absurde, comme situation. Vous l'avez tous vécue tout au long de votre scolarité, et elle a marqué durablement **Laëtitia**, 41 ans, ancienne responsable administrative :

> « J'entends encore les mouches voler, et j'ai cette impression que les secondes s'écoulent comme des minutes. À l'école, j'étais une élève considérée comme moyenne – ni vraiment mauvaise ni vraiment bonne –, mais j'avais toujours une boule au ventre lorsque les professeurs rendaient nos copies, en suivant un ordre dévastateur : de la meilleure à la plus mauvaise note. 20, 19,5, 18, 17,5… Je voyais le visage de mes camarades se décomposer, je sentais le stress monter et je percevais le "ouf" de soulagement de celles et ceux qui obtenaient une note au-dessus de la moyenne. Débutait ensuite la longue descente jusqu'au honteux 0. Avec le recul, je réalise ce que cela a provoqué chez toute une génération de gamins : cette obsession de la notation, de la comparaison et de la performance. »

Laëtitia a entièrement raison : nous avons grandi avec cette idée dès notre plus jeune âge. Quelle idée ? Celle qu'il y aurait d'un côté, les bons, et de l'autre, les mauvais. Les gagnants et les perdants. Celles et ceux sur qui on pouvait parier et les laissés-pour-compte.

Sans oublier les discours, eux aussi dévastateurs, comme celui tenu à Alexandre en première scientifique par un professeur de chimie qui lui expliquait que, puisqu'il était nul dans cette matière, il était certain de foirer sa vie. Un exemple parmi tant d'autres. Quelles conséquences pour un jeune en pleine construction ? Que se passe-t-il chez les plus fragiles, celles et ceux qui n'ont pas la force de caractère suffisante ou le recul nécessaire pour prendre conscience qu'en fait tout roule si tu ne comprends absolument pas que $H_2SO_4 + 2\ H_2O \rightarrow 2\ H_3O^+ + SO_4^{2-}$?

Laëtitia poursuit :

> « Certains sont sortis dégoûtés du système scolaire, avec la certitude qu'ils étaient des "bons à rien". Intégrer le monde professionnel avec cette idée en tête crée des situations catastrophiques. Pour ma part, j'ai passé les vingt premières années de ma vie d'adulte à prouver que je valais quelque chose. J'ai obtenu mon baccalauréat, fait cinq ans d'études et gravi les échelons un par un en travaillant sans relâche. Toutes ces vexations ont agi comme un moteur, mais c'est loin d'être le cas pour tout le monde. Un jour, j'en ai eu assez de vivre pour prouver des choses, à moi et aux autres. J'avais l'impression d'avoir raté une partie de ma vie, et surtout de l'essentiel : l'épanouissement et le bonheur. »

Le bonheur ? Et puis quoi encore ?

L'école des citoyens ?

L'école doit-elle apprendre à être heureux ? Doit-elle rendre heureux ? La réponse est « non ». Le fond de notre pensée est qu'elle fait ce qu'elle peut, et d'après ce que nous avons pu constater au cours des dernières années, la situation a évolué, en partie. Ce que les pays nordiques appliquent depuis plus de dix ans fait son chemin chez nous : développement des activités périscolaires, multiplication des travaux en groupes, pédagogies innovantes, contrôle continu… Sans oublier la mise en avant des formations par apprentissage pour découvrir un métier et intégrer le monde professionnel dans les meilleures conditions. Une manière de former des « têtes épanouies » et pas seulement des « têtes bien remplies ». De futurs citoyens responsables et autonomes, mais aussi des gamins qui n'ont plus peur de rentrer chez eux avec une mauvaise note. Des gamins qui comprennent, petit à petit, qu'il y a une vie derrière la compétition et que, le plus important, est sans nul doute de trouver sa voie. Pas d'être meilleur que son voisin ou sa voisine.

Il nous paraît néanmoins essentiel de souligner que, tout au long de notre scolarité, nous avons eu la chance de rencontrer d'excellents professeurs qui n'hésitaient pas à sortir du carcan qu'on leur imposait pour nous tirer vers le haut. Des professeurs qui préféraient nous motiver davantage par le plaisir que par la punition. Le cercle des poètes disparus n'avait qu'à bien se tenir. Nous avons également pleinement conscience de la tâche ô combien ardue qui incombe au monde enseignant et des difficultés qu'il rencontre. Alexandre en a fait les frais en donnant cours pendant quatre ans en école post-bac : remettre en cause un système pédagogique et des méthodes d'apprentissage (foutus PowerPoint !) est souvent mal perçu par l'administration. Les habitudes ont la vie dure.

Et puis, nous imaginons sans mal qu'envisager des sujets aussi variés que l'épanouissement, le bonheur ou les activités extrascolaires, dans un contexte où 20 % des collégiens éprouvent des difficultés à lire et à écrire convenablement, est tout sauf aisé. L'école ne peut pas tout et complète l'action des parents, de l'entourage, mais aussi la nôtre : nous sommes aux manettes, et on n'est jamais si bien servi que par soi-même. Mais on vous l'a déjà dit, n'est-ce pas ?

> À 39 ans, Laëtitia a quitté son poste de responsable administrative, repris le chemin de l'école et a réalisé un rêve de gosse : ouvrir une crêperie. Deux ans plus tard, lorsqu'elle recrute de nouveaux collaborateurs, elle ne leur demande pas : « Quelle a été votre formation ? », mais : « De quoi êtes-vous capable, et de quoi avez-vous envie ? »

C'est vrai, ça : de quoi avez-vous envie ?

Et là, on vous imagine gueuler dans votre salon (ou dans votre lit/baignoire/jardin/cave si vous êtes du genre bizarre) : « On a envie de se reconvertir puisqu'on a acheté votre bouquin, bande de gugusses traumatisés par leur scolarité ! » OK, vous marquez un point.
Et qu'est-ce qui vous en empêche, en général ?

Donnez-nous un P.
Donnez-nous un E.
Donnez-nous un U.
Donnez-nous un R.
La PEUR.

« Mais pourquoi est-il aussi flippant ?
— Paarrskkeeeuuuu ! »

Et vous savez quoi ? C'est une excellente nouvelle ! Si vous n'en ressentez aucune avant de vous lancer dans le processus de reconversion, vous êtes : soit totalement inconscient, soit persuadé que vous êtes infaillible, et c'est tout aussi dangereux. Nous en reparlerons plus tard.

Personne ne nous a donc inculqué cet « esprit de reconversion ». Ni l'école, ni nos parents (qui, pour la plupart, ont effectué le même métier toute leur vie), ni la société. Le phénomène de reconversion ne date pas d'hier, mais on n'en a jamais autant entendu parler que ces dernières années. Ce qui était autrefois rare – et souvent subi – est devenu en peu de temps un sujet de société qui continue de nous effrayer, faute de recul, d'informations pertinentes et de connaissances approfondies. C'était encore plus complexe il y a vingt ans. **Marine** s'en souvient parfaitement :

> « Lorsque j'avais 12 ans, on n'entendait pas parler quotidiennement de délocalisation, de fermetures d'usines et de reclassement. Un soir, un reportage au JT de 20 heures évoquait les problèmes financiers d'un grand groupe industriel dont j'ai oublié le nom. 2 500 salariés sur le carreau. J'ai encore en mémoire leur état de sidération et leurs visages paniqués. Aucun d'entre eux n'envisageait la reconversion ou la réorientation, c'était tout simplement inimaginable ! Mais surtout, j'ai en tête le regard, lui aussi sidéré, de mes parents. Et s'ils étaient les prochains ? Que deviendraient-ils ?
> Je ne pense pas que perdre son boulot aujourd'hui soit moins désagréable ou moins créateur de stress, mais la reconversion est entrée dans les mœurs : nous serons tous amenés à avoir plusieurs vies professionnelles. Autant ne pas le subir, mais le choisir. »

L'échec : un tabou français ?

Choisir plutôt que subir. Plus facile à dire qu'à faire, c'est certain. Mais de quoi avons-nous vraiment peur ? De nous planter, et là

encore, l'enfance et l'adolescence ne nous ont pas été d'un grand secours. Il aurait été tellement utile de nous expliquer qu'en plus de faire partie de la vie, nos échecs nous en apprennent beaucoup plus que nos succès. Que rater un partiel de fin d'année, fermer son entreprise, se réorienter, avoir un trou d'un an sur son CV ou ne pas atteindre les objectifs fixés par son boss ne signifient en aucun cas que tout est foutu ou que l'on n'est pas à la hauteur.
Cette peur de l'échec ne nous empêche-t-elle pas d'être audacieux et créatifs ? C'est dommage, car se reconvertir, c'est accepter de sortir des sentiers battus, oser, innover. Se réinventer.

Essaye encore…

En matière d'échec, on a longtemps érigé l'approche anglo-saxonne en modèle absolu, avec notamment la célèbre citation de Samuel Beckett : *« Ever tried. Ever failed. No matter. Try again. Fail again. Fail better. »* (Autrement dit « Qui vole un œuf vole un bœuf », mais notre reconversion en traducteurs a été un foirage total.)
Sophie, 31 ans, a beaucoup appris sur le sujet (de l'échec, pas du bœuf volé) :

> « Je me souviens d'avoir fêté mon vingt-septième anniversaire les larmes aux yeux car mon métier d'institutrice était à mille lieues de ce que j'avais imaginé. J'ai dû faire un gros travail sur moi pour accepter ce que je considérais comme un revers. J'ai alors réalisé un rêve enfoui, et j'ai passé mon CAP pâtissier, avec pour projet d'ouvrir un salon de

thé axé sur le sans gluten en Haute-Savoie. À 29 ans, je me suis lancée, aidée financièrement par mes parents et moralement par mon conjoint. Après un an d'ouverture, j'ai dû me rendre à l'évidence : mon activité ne décollait pas, mais j'ai décidé de poursuivre l'aventure, malgré les avertissements de mon entourage. J'étais persuadée de pouvoir rebondir en redoublant d'efforts. J'ai terminé la seconde année épuisée et sans m'être versé un seul salaire. En avril 2019, le couperet est tombé : j'ai déposé le bilan. Aujourd'hui, je prends conscience que l'échec n'est qu'une étape et non une finalité : je compte relever de nouveaux défis professionnels en utilisant la somme de mes expériences passées. Je m'obstinerai juste un peu moins, à l'avenir. »

De l'autre côté de l'Atlantique, **Vincent**, 41 ans, juriste, livre une vision décomplexée de son rapport à la réussite :

« Mon enfance et mon adolescence ont été marquées par la peur de rater. Par chance, cette crainte a joué le rôle de moteur, et j'ai longtemps été obsédé par la performance. Mes stages de fin d'année en France m'ont frustré : l'esprit d'initiative n'était pas encouragé, et gare à celui qui se plantait ! Une fois diplômé, j'ai intégré un cabinet de conseil à Chicago et me suis senti immédiatement dans mon élément : j'étais invité à innover, à sortir du cadre, mais – car il y a toujours un "mais" – le culte du résultat n'est pas une légende. Vous pouvez échouer une fois ou deux, à la troisième, vous prenez la porte. Cela ne vous empêchera pas de trouver un autre job une semaine plus tard ; on ne vous questionnera pas sur vos défaites, mais on attendra très rapidement des preuves de vos capacités. Ici, les erreurs font partie de la vie : on n'a pas à en rougir, et on vous donne l'opportunité de rebondir. On me dit souvent *"No bullshits, just do it !"*. C'est une façon de fonctionner qui me convient parfaitement mais qui n'est pas adaptée à tous les profils. Il faut avoir des nerfs d'acier, l'esprit de compétition et faire du travail le fil conducteur de sa vie. »

Le témoignage de Vincent est intéressant à plus d'un titre puisqu'il nous interroge notamment sur la place de l'aspect professionnel dans notre quotidien. Cette dernière sera un élément prépondérant durant vos réflexions sur la reconversion. Pour quelles raisons vous levez-vous chaque matin, finalement ? (Et merci Vincent pour la transition !)

LE TRAVAIL, C'EST LA SANTÉ !

Et si on kiffait son *tripalium*?

Eh oui, on peut mélanger dans le même sous-titre un langage de jeune – enfin de vieux qui pensent que les jeunes parlent encore de cette façon – et du latin populaire. Nous avons fait le calcul : nous passerons en moyenne 80 000 heures de notre vie au boulot. Un bon tiers de nos journées d'adultes actifs. Tendez l'oreille autour de vous : nombreux sont ceux à se plaindre de croiser davantage leur boss que la personne qui partage leur vie. Dans ce contexte, autant faire un métier qui nous botte, qui nous épanouit.

La minute confiture[1]
(car moins on en a, plus on l'étale)

Les étymologistes s'écharpent sur le sujet (pratique lorsqu'ils ont froid au cou), mais l'une des origines du mot « travail » serait le terme *tripalium*, un instrument constitué de trois pieux auquel on attachait les animaux pour les ferrer, ainsi que les esclaves pour les punir. Le verbe « travailler » serait apparu vers 1080, serait issu du latin *tripaliare*, littéralement « tourmenter, torturer avec le *trepalium* », et signifie « faire souffrir physiquement ou moralement ». Cinquante ans plus tard, le mot « travail » aurait fait son apparition pour évoquer les idées de tourment, de peine et de fatigue. Tout ce que nous ressentons neuf cents ans plus tard, après une dure journée.
Que l'on croie ou non à cette étymologie n'est finalement pas le sujet ; ce serait plutôt « Mais au fait, pourquoi travaillons-nous ? ».

1. C'est comme la culture, c'est meilleur quand c'est fait maison.

Le choc des générations

C'est vrai, ça : pourquoi travaillons-nous et pour quelles raisons devrions-nous absolument y prendre du plaisir, nous y exprimer, nous y révéler ? En restant très terre à terre, la plupart d'entre nous intègrons le monde professionnel pour obtenir un salaire, subvenir à nos besoins, payer notre loyer ou nos implants capillaires (vous faites bien ce que vous voulez de votre argent, après tout). C'est d'ailleurs la position majoritairement tenue par les générations nées avant les années 1980, et si l'on en croit les médias, les études sur le sujet, mais aussi notre entourage direct, la question du bonheur au travail est un phénomène relativement récent. Nous sommes plutôt d'accord avec cette affirmation. **Léa**, 22 ans, étudiante en marketing, également :

> « Lors de ma recherche de stage en alternance, dernière étape avant l'entrée dans la vie active, j'ai décliné plusieurs offres d'entreprises dont les valeurs ne me correspondaient pas ou dans lesquelles je risquais de m'ennuyer au bout de quelques jours. En l'apprenant, mes parents se sont mis en colère et ont estimé que j'étais une enfant gâtée, qu'il fallait arrêter de rêver et qu'il existait 1 000 façons de s'éclater en dehors de la vie professionnelle. J'ai assumé mon idée, j'ai persévéré et j'ai rejoint une PME de communication qui ne choisit que des clients et des projets considérés comme éthiques. »

L'exemple de Léa est frappant et traduit le fossé qui sépare les générations sur ce sujet.

La parole aux pros

Coach en reconversion, **Mathilde Forget** apporte son éclairage :

« La population née sur la période 1940-1960 a dû reconstruire le pays après la guerre, la suivante (1960-1980) a participé au développement économique pour améliorer ses conditions de vie… Aujourd'hui, les priorités ont changé ! Nous avons tous conscience des enjeux et des problématiques de la société moderne, mais aussi des limites et désillusions du monde du travail. Les générations X et Y observent cela en se disant « À quoi bon ? » et ajoutent un sixième niveau à la pyramide de Maslow[1] : le besoin de sens. »

1. La pyramide de Maslow est une représentation pyramidale de la hiérarchie des besoins, une théorie de la motivation élaborée à partir des observations réalisées dans les années 1940 par le psychologue Abraham Maslow. Google est ton ami si tu veux voir à quoi elle ressemble. À ne pas confondre avec la pyramide de marshmallows, sacrément plus cool.

Rendez-vous page 51 pour en savoir plus sur cette fameuse quête de sens. Oui, nous avons fait « teasing » en LV3. En attendant, revenons-en au pourquoi du comment nous nous levons chaque matin, en compagnie d'une talentueuse chanteuse que nous affectionnons particulièrement, Clara Luciani :

> « Ma sœur et moi avons surtout été élevées avec cette idée qu'il fallait toujours aller au bout de ses rêves. Mon père nous a répété peut-être 100 fois : "Si vous ne travaillez pas à l'école, si vous n'êtes pas certaines de ce que vous voulez faire dans la vie, vous vous retrouverez comme moi, un bon matin, en cravate, à devoir aller dans un bureau, sans trop savoir pourquoi[1]." »

Clara, nous voulons être comme vous quand nous serons grands. Une prochaine reconversion ? Bon, assez parlé de nous (pour le moment), de Jean-Luc, de Clara : on va évoquer *votre* reconversion. Car oui, c'est désormais une certitude : vous allez changer de vie. Un jour ou l'autre.

Pourquoi vous allez vous reconvertir

Parce que vous êtes comme tout le monde, ou presque. Non, on plaisante. En août 2019, deux tiers des Français déclaraient vouloir se reconvertir. Une proportion impressionnante, mais à nuancer : certains en rêvent et ne sauteront jamais le pas (un peu comme Alexandre qui jure à Marine qu'il compte arrêter l'une

---

1. Théo Denmat et William Thorp, « Clara Luciani se raconte », *Society*, n° 124, février 2020.

de ses deux activités, celles-ci lui prenant chacune trente-cinq heures par semaine…), d'autres ont déjà entamé un processus plus ou moins abouti. Enfin, une partie de la population y pense régulièrement, l'envisage sérieusement, mais ne sait absolument pas par où commencer. Et c'est là que nous intervenons !

La France est for-mi-dable

Nous sommes quasiment certains qu'en lisant ce sous-titre, votre première pensée a été « Ils ont fumé, et ce n'était pas une cigarette en chocolat », ou « Et voilà, je commençais tout juste à les apprécier, et ils se mettent à l'ironie et/ou au cynisme », ou « Tiens, je me ferais bien masser par un grand brun musclé » (mais on ne peut rien pour vous). C'est un vrai problème car, qu'on le veuille ou non, la France est le pays idéal pour se reconvertir. Vraiment. On insiste.

Alors oui, les Français – et nous en faisons partie – aiment se plaindre, dire à qui veut l'entendre que tout fout le camp et que tout va mal, ma bonne dame. Mais non : nous vivons dans l'une des contrées les plus propices au changement de vie. Rares sont les nations à proposer autant de filets de sécurité, d'aides à la création d'entreprise, d'opportunités pour rebondir le plus sereinement possible, d'accompagnements à la transition, etc. Le hic est que l'on en parle peu ou mal. C'est la troisième fois qu'on vous le répète, mais on n'est jamais mieux servi que par soi-même, et dans la mesure où la reconversion est une démarche personnelle, débutez-la par un exercice : renseignez-vous, frappez aux portes, passez des coups de fil, faites des recherches, mais trouvez quelqu'un qui saura vous venir en aide ! (Voir notre cahier d'exercices, p. 129.)

Êtes-vous en mesure de négocier une rupture conventionnelle avec votre employeur pour ouvrir vos droits au chômage dans le cadre d'une démarche entrepreneuriale ? Pouvez-vous bénéficier d'un Fongecif pour apprendre un nouveau métier et intégrer une autre société ? Votre entreprise propose-t-elle des formations internes pour accompagner votre souhait d'évoluer vers un nouveau poste ? Saviez-vous que des organismes se portent caution, partiellement ou totalement, de votre prêt bancaire si vous ouvrez votre boîte ? La liste est longue, et libre à vous de la compléter.

For-mi-dable, on vous dit !

Il nous tenait à cœur de faire un tel rappel et, croyez-nous sur parole, nous pourrions écrire un livre avec tout ce qui nous insupporte en France en tant que chefs d'entreprise. N'empêche, comme disaient nos mamies : « Quand c'est bien, il faut le dire aussi ! » L'anecdote de **Marine** illustre parfaitement ce que nous venons d'évoquer :

> « Neuf mois avant d'ouvrir L'Impertinente, j'ai signé une rupture conventionnelle avec l'agence immobilière dans laquelle je travaillais. Une démarche idéale dans le cadre d'une création d'entreprise car j'allais être rémunérée pendant un maximum de deux ans par l'État. J'entamais ainsi ma vie d'entrepreneuse avec une pression financière moindre et pouvais me concentrer sur mon projet. Cette aide impliquait des rendez-vous réguliers avec un conseiller Pôle emploi pour faire le point. Lors de notre première rencontre, indispensable pour valider mon dossier, j'ai dû expliquer mon parcours : j'avais été formée pour devenir

designer industriel, un métier qui n'existait pas dans le logiciel utilisé par la personne assise devant moi. Je sentais son désarroi, j'ignore si elle se rendait compte du mien, mais comme il fallait absolument remplir une case, nous avons décidé, d'un commun accord, que j'étais à la recherche d'un emploi de… maçon. La situation était ubuesque, mais je retiens surtout que sans ce soutien économique d'un an (j'ai eu la chance de pouvoir me verser un salaire rapidement), notre établissement aurait sans doute eu un destin différent. »

Vous voyez ? Nous n'avons pas fumé de cigarettes en chocolat. Tiens, en parlant de chocolats : vous vous souvenez de la célèbre phrase de *Forrest Gump* ? Non, pas « Cours, Forrest ! » (quoiqu'un bon footing n'ait jamais fait de mal à personne), mais « La vie, c'est comme une boîte de chocolats, on ne sait jamais sur quoi on va tomber… » Il a entièrement raison : vous ne savez pas de quoi demain sera fait.
Ce qu'il aurait dû ajouter, c'est qu'il existe autant de boîtes que de raisons de changer de vie professionnelle. Sans doute des centaines. Le hasard fait bien les choses : il s'agit de la thématique du prochain chapitre. La légende raconte que désormais, entre deux tournages, Tom Hanks donne des cours de « transitions tirées par les cheveux ». Sacrée reconversion.

Partie 2

10 bonnes raisons

(et plus si affinités)

de vous reconvertir

« C'EST PEUT-ÊTRE UNE GOUTTE DANS LA MER C'EST PEUT-ÊTRE UNE GOUTTE D'EAU DANS LE DÉSERT OUI, MAIS C'EST SA *RAISON D'ÊTRE*[1] »

En janvier 2020, nous avons lancé un appel à témoins sur les réseaux sociaux et avons reçu de nombreux témoignages passionnants, bouleversants, inspirants. Nul doute que vous vous reconnaîtrez dans l'un ou plusieurs d'entre eux. L'intérêt de notre démarche est on ne peut plus clair : vous aider à vous projeter, à réfléchir à votre propre situation, à comprendre que vous n'êtes pas seul, bref, à initier le cheminement intérieur indispensable à une reconversion réussie. On vous prévient : ça déménage, parfois. Juste un peu.

« Vous aussi vous cherchez le Graal ?
— Arthouur ! Couiiiillèèère !
— … »

1. Collectif Ensemble, « Sa raison d'être », paroles et musique de Lionel Florence et Pascal Obispo, 1998, 2018 © Pilotis.

1) La véritable histoire de la quête de sens

C'est bien simple : pas une semaine ne passe sans qu'un magazine, un reportage télé, une émission radio ou une discussion avec un proche n'évoque cette fameuse « quête de sens ». L'actualité est anxiogène, certains d'entre vous ignorent pour qui ils travaillent réellement (un fonds de pension dans le Missouri, aux dernières nouvelles) ou pourquoi ils se rendent au bureau chaque matin. En parallèle, nous avons tous (ou presque) conscience que notre modèle économique, sociétal et écologique est à bout de souffle. Doux euphémisme. Que l'on aille tous dans le mur ou qu'on l'ait déjà traversé n'est pas le sujet : désormais, nous souhaitons ajouter un sens à notre métier. Un phénomène récent et une intention louable, mais attention à un autre mur : celui de l'idéalisation, comme le souligne **Matthieu**, 34 ans.

> « J'ai évolué dans le marketing pour des marques de spiritueux pendant cinq années riches en challenges. À l'approche de la trentaine, j'ai commencé à me demander à quoi servait mon poste : plus j'étais efficace, plus mon employeur vendait d'alcool. J'ai profité d'un plan de départs volontaires pour me réorienter et entreprendre une formation de boucher. Retour au vrai, au palpable ! J'ai convaincu une boucherie de me prendre en stage et, au bout d'un mois et demi, le constat était sans appel : se rendre à Rungis à 3 heures du matin et découper de la viande à longueur de journée n'avait pas plus de sens que mon ancien job. Comme beaucoup de trentenaires diplômés, j'ai cru que choisir un métier manuel changerait ma vision du monde professionnel. C'est peut-être vrai pour certains, mais j'ai préféré tout stopper et postuler dans des entreprises… qui

offrent du sens. Je gère désormais la communication d'une ONG, je gagne deux fois et demi moins qu'avant, mais je ne me suis jamais senti aussi heureux. »

Prenez donc cette quête de sens avec un maximum de pincettes, sans pour autant l'enfouir ou la bannir. Ici encore, le mot-clé est la sincérité : quel but souhaitez-vous donner à votre activité professionnelle ? Sauver la planète ? Faire plaisir aux autres ? Vous exprimer à travers votre art ? Gagner un maximum d'argent ? Évoluer dans une bonne ambiance, quitte à faire un job monotone ? Personne ici ne vous jugera, c'est votre choix.

Un exemple ? Vous avez envie de contribuer à un monde plus durable en promouvant le « manger local ». Pourquoi faire nécessairement de ce combat un métier ? Votre projet a-t-il une viabilité économique ? (Que vous le vouliez ou non, vous avez des factures à payer à la fin du mois.) La vie est-elle si rose dans les entreprises engagées dans une telle démarche ? Comme toujours, nous n'avons pas de réponse définitive à vous offrir, mais prenez du recul sur le sujet. Certains d'entre vous estimeront qu'il est préférable de dégoter un boulot alimentaire plutôt tranquille qui vous laissera un maximum de temps libre pour créer, ou de rejoindre une association et d'agir au quotidien, sans pression financière. Pourquoi pas, après tout ?

Un autre exemple plus personnel ? Il n'y a pas plus de sens à faire et à vendre des gâteaux que de dénicher une maison de rêve pour des clients exigeants ou de concevoir un journal d'entreprise. Promis, juré, pas craché – parce que c'est dégueulasse. Nous avons trouvé un sens dans notre nouvelle activité en faisant de nos convictions le fil conducteur du projet : le fait maison, le management bienveillant et l'humour à la con. Nous faisons trois fois plus d'heures qu'auparavant pour un salaire divisé par deux, les nuits entières sont un lointain souvenir, mais nous sommes fiers de ce que nous accomplissons. C'est là que réside notre sens. Et vous, quel sera le vôtre ?

2) Vous faites un métier « à la con »

« Es-tu bien *full-time* sur le *draft* du *call* ? Ton *input* n'est pas suffisamment disruptif, je vais reprendre le *lead* asap, le temps que tu redeviennes force de proposition, dans un esprit *win/win*. N'oublie pas que le client est au cœur de nos préoccupations et de nos actions C.O.N.C.R.È.T.E.S. On en reparle au prochain week-end de cohésion ou pendant un *lunch* d'équipe. »
Vous n'avez absolument rien compris ? C'est sans doute rassurant. Si vous entendez ce type d'anglicismes du matin au soir, il est possible que vous ayez accepté un travail que l'anthropologue américain David Graeber qualifie de *« bullshit job »*. Soit, selon lui, « un emploi rémunéré si totalement inutile, superflu ou néfaste, que même le salarié ne parvient pas à justifier son existence[1] ». Il soutient que, dans une société obsédée par la nouveauté, la performance et le progrès, les entreprises n'ont de cesse de créer des rôles et/ou des métiers sans aucune utilité. Tous les domaines sont touchés par le phénomène, mais les secteurs des ressources humaines, management, conseil ou finance sont régulièrement cités dans ses ouvrages.

---

1. David Graeber, *Bullshit jobs*, Les liens qui libèrent, 2018 (traduit de l'anglais par Élise Roy).

Mathilde, 23 ans, en a fait l'amère expérience :

> « Après cinq ans d'études dans l'une des écoles de commerce les plus prestigieuses, j'ai répondu à l'annonce d'une multinationale de l'agro-alimentaire. Pendant l'entretien d'embauche, le recruteur était incapable de m'expliquer en quoi consistait concrètement le poste qui mêlait la communication média et le management ; cela aurait dû me mettre la puce à l'oreille. Le salaire était alléchant, l'employeur réputé : il y avait pire pour démarrer ma vie professionnelle. Au bout d'un mois, je ne parvenais pas à faire comprendre à ma famille ce que je faisais de mes journées. Mon supérieur hiérarchique semblait ravi d'avoir une personne à diriger et me confiait des missions qui m'occupaient dix heures par semaine en prenant mon temps. J'ai commencé à déprimer. Le jour où j'ai compris que si mon emploi était supprimé, l'entreprise tournerait de la même façon, j'ai démissionné. J'ai rejoint une PME de six salariés où j'ai parfois l'impression d'être prise pour un mouton à cinq pattes, mais je me sens désormais utile ! »

Ce qu'a vécu Mathilde est loin d'être un cas isolé. Perte de repères, management infantilisant, réunions (inutiles) à répétition, tâches absurdes, impression d'être un tout petit pion sur un grand échiquier… Les *bullshit jobs* semblent avoir envahi le monde professionnel et expliquent en partie l'obsession de tant de salariés pour la fameuse quête de sens.

Si vous vous sentez concerné par ce phénomène, il est sans doute temps d'agir, mais toujours avec un maximum de sincérité et

de recul. Vous commencez à nous connaître : nous aimons la nuance, et jamais nous ne diaboliserons le moindre métier. Il est tout à fait probable qu'un poste considéré comme un *bullshit job* dans une entreprise devienne celui qui vous fera vibrer dans une autre. Ne balayez pas tout d'un revers de la main, ne pensez pas que l'herbe est plus verte ailleurs (croyez-nous sur parole, faire des gâtals du matin au soir peut être un sacré « job à la con » si l'on s'y prend mal), et faites le point sur vos véritables envies (voir p. 132-133).
Enfin, si vous vous reconnaissez dans ce que nous venons d'évoquer et que votre situation vous convient parfaitement, pardonnez notre familiarité mais « Tout roule, ma poule ! » Changez simplement de sujet lorsque votre mamie vous demandera pour la énième fois ce que vous faites dans la vie.

3) Tout avait pourtant si bien commencé…

Vous avez entrepris les bonnes études, vous avez intégré votre domaine avec la ferme volonté de remplir votre mission le plus sérieusement possible, vous aviez des rêves plein la tête, et patatras, la réalité vous a rattrapé. Certains d'entre vous ont connu la « belle époque » et ont vu leurs conditions de travail se dégrader au fil des années, des réformes et des logiques comptables. D'autres imaginaient les choses autrement et ont entrepris un véritable deuil avant d'envisager un changement de vie professionnelle. Dans tous ces cas, ni le métier ni son utilité ne sont remis en cause, mais le compte n'y est plus, et il devient urgent de trouver une autre voie.

Simon, 25 ans, a vécu cette situation.

« Dès mon plus jeune âge, j'ai su que je voulais devenir journaliste pour raconter des histoires et aider les gens à faire passer leur message. Malgré une scolarité chaotique, je suis parvenu à rejoindre une rédaction célèbre dans ma région. Le cauchemar a commencé : j'ai enchaîné les CDD très courts, en changeant de ville chaque semaine et en me logeant à mes frais. J'espérais que mes supérieurs me parlent d'angle d'attaque ou de ligne éditoriale ; ils évoquaient uniquement le rendement, la productivité ou le nombre d'articles quotidiens à rédiger. On me faisait miroiter une titularisation, mais j'ai fini par comprendre qu'elle n'arriverait jamais. J'ai été licencié du jour au lendemain, et après une longue traversée du désert, on m'a proposé un poste d'éducateur spécialisé dans un foyer d'accueil d'urgence pour venir en aide à des jeunes en difficulté. J'ai accepté et, depuis septembre 2019, je me lève chaque matin avec le sourire car j'accompagne des personnes pour qu'elles puissent raconter leur histoire. J'écris la suite avec elles. Le métier n'est pas le même, mais j'ai malgré tout atteint mon objectif. »

4) La passion comme moteur

« Choisis un travail que tu aimes,
et tu n'auras pas à travailler un seul jour de ta vie[1]. »

C'est pratique, les citations : ça permet de briller en société à moindre coût, ça résume des sujets ultra complexes de la vie en moins de dix mots, on peut même s'en servir comme leitmotiv au quotidien ou comme fond d'écran sur son smartphone. Bon, on a juste un certain mal avec « un(e) de perdu(e), dix de retrouvé(e)s », mais, par chance pour vous, nous n'écrivons pas d'ouvrage sur le célibat.

Revenons-en à notre philosophe chinois préféré. Sur le papier, il a parfaitement raison. Qui n'a jamais souhaité vivre de sa passion ? Se lever chaque matin en faisant d'un talent ou d'un hobby son gagne-pain ? Nous sommes persuadés que vous êtes nombreux à répondre : « Un peu, mon neveu, ce serait le pied ! »

---

1. Confucius.

Nous ne sommes pas votre neveu, mais nous vous comprenons. Sur le papier seulement, car la vie professionnelle, c'est un peu comme un zèbre : ni tout noir, ni tout blanc.
Florian, 38 ans, en témoigne :

> « Photographe amateur depuis l'adolescence, j'ai décidé à 36 ans de me mettre en disponibilité – j'étais CPE dans un collège – pour passer en professionnel. Événements d'entreprises, mariages, naissances, piges pour des quotidiens et magazines : j'étais prêt à répondre à toutes les demandes. Les premières semaines ont été à la hauteur de mes espérances : je parvenais à en vivre convenablement, et mes clients semblaient satisfaits de mon travail. Après huit mois d'activité, j'ai vécu une situation à laquelle je ne m'attendais pas : je n'avais plus aucune envie de pratiquer ma discipline le week-end, juste pour le plaisir. Je me sentais également frustré par le manque d'imagination dans les missions que l'on me confiait. Il m'était difficile de m'exprimer ou d'apporter ma touche artistique : le client était roi. J'en ai parlé à ma compagne, et j'ai pris la décision de reprendre un poste de CPE, tout en poursuivant mon travail de photographe, le week-end, en auto-entrepreneur. Cette complémentarité me convient pour le moment, tant que je n'ai pas d'enfants. »

Peu importe votre passion, évitez l'idéalisation, réfléchissez au potentiel économique de votre démarche, et demandez-vous si vous vous sentez prêt à subir la pression financière qui découle de votre choix. Une bonne idée peut être d'effectuer un stage durant votre temps libre. Nous avons plusieurs fois accueilli des salariés qui profitaient de leurs vacances pour passer une semaine à nos côtés et conforter (ou non) leur projet. Certains d'entre eux ont pris conscience qu'il y avait un pas de géant entre confectionner un gâteau pour leurs amis le week-end et pâtisser sept heures par jour, cinq jours par semaine. Ce pas, ils n'étaient finalement pas prêts à le franchir...

Et nous, dans tout ça ? Voici une autre anecdote. Plus qu'une anecdote, une confession : nous ne sommes absolument pas passionnés de pâtisserie ! Sauf lorsqu'il s'agit de les manger. Plus fou encore : à l'origine, le projet « Impertinente » était axé sur une offre salée le midi (l'une des véritables passions de Marine) et quelques douceurs sucrées l'après-midi. La première semaine, nous avons ouvert uniquement pour le goûter, le temps de nous former et de nous familiariser avec les rudiments de notre nouvelle profession. Le salé devait arriver le mois suivant, pensait-on, mais la demande en sucré a été telle dès notre lancement que nous sommes restés concentrés sur ce créneau et avons dû rapidement embaucher des pâtissiers... passionnés.
Jean-Luc, notre ami imaginaire, conclut :

> Marine continue de concocter de bons petits plats salés le week-end et se dit ravie de ne pas en avoir fait une activité. Tous deux sont passionnés par les possibilités offertes par L'Impertinente : innover chaque jour, créer de nouvelles recettes ou des produits dérivés, faire progresser leurs équipes, publier des blagues potaches (et c'est bon pour la santé, le potache aux légumes...) sur les réseaux sociaux. Et même sortir un bouquin sur la reconversion !

Merci, Jean-Luc, mais il faut nous laisser, maintenant.

5) Le hasard fait (parfois) bien les choses

Le boulot de vos rêves, c'est parfois comme l'amour. Non, ça ne vous fait pas de petits bisous dans le cou en vous apportant des croissants au lit, mais ça peut vous tomber dessus sans crier gare. C'est bien simple : ni nous, ni vous, ni même Élizabeth Teissier ne savons ce qui vous arrivera demain. Il paraît que la chance sourit aux audacieux ; ajoutons qu'elle touche ceux qui restent à l'affût des opportunités, à l'écoute de leurs envies et laissent toujours une petite place à l'imprévu. Comme **Sophie**, 41 ans.

« Esthéticienne depuis sept ans, j'estimais avoir fait le tour de mon métier. Les changements de direction successifs m'ont fait prendre conscience que je n'étais plus épanouie. J'ai mis un an à sauter le pas : j'ai quitté mon CDI grâce à une rupture conventionnelle, et j'ai entendu de nombreux "Tu es folle ! C'est dommage, tu avais un bon salaire..." Je comptais reprendre mes études et entreprendre une formation de naturopathe pour ouvrir à terme mon propre cabinet. Mais tout ne s'est pas passé comme prévu : l'été précédant ma rentrée scolaire, on m'a proposé un job polyvalent dans un camping. J'y ai pris un plaisir aussi immense qu'inattendu, et j'ai accepté un CDI pour en devenir la gérante. Jamais je n'aurais imaginé quitter ma région et mes proches pour vivre une nouvelle phase de ma vie professionnelle. Je continue à suivre une formation en énergétique pour compléter mes revenus en auto-entrepreneuse entre les saisons. »

Nous vous autorisons désormais à faire une pause dans cette passionnante lecture. Glissez votre marque-pages, et filez chercher des croissants pour demain matin. C'est important, les surprises, sinon gare à un poison qui touche également le monde de l'entreprise et peut vous donner envie de vous reconvertir : l'ennui. Aucun doute, vous ne trouverez jamais une transition aussi dingue dans toute l'histoire de la littérature.

6) Routine, quand tu nous tiens

« Lundi, des *conf call*,
Mardi, des *conf call*,
Mercredi, des *conf call* aussi... »

Est-il si osé de tenter un parallèle entre vie amoureuse et vie professionnelle ? Jugez plutôt : il y a d'abord la rencontre, plus ou moins inattendue. C'est tout nouveau, tout beau, tout rose. Le soleil brille, les oiseaux chantent. L'espoir naît, on se projette, on fait des plans sur la comète. On donne le meilleur de soi-même, les semaines et les mois passent à une vitesse stupéfiante. Et petit à petit, quelque chose change, la routine s'installe, les premières incompréhensions apparaissent, suivies de tensions plus ou moins fortes. Certains décident de se battre pour remonter la pente : dialogue, compromis, efforts. D'autres préfèrent s'ignorer ou faire comme si de rien n'était, puis sombrent dans l'ennui le plus total. Ou pire encore, la rancœur. Enfin, une troisième catégorie choisit de décamper fissa pour vérifier si l'herbe est plus verte ailleurs.

Parle-t-on d'amour ou de carrière ? Les deux, mon capitaine, mais ici, c'est bel et bien de votre métier dont il s'agit. Une nouvelle fois, faites le point et demandez-vous ce que vous attendez réellement de votre job. Si l'ennui et la routine semblent bien ancrés, mais que votre emploi vous offre un salaire attractif et du temps pour profiter de votre famille, cette situation peut vous convenir encore des années, et c'est l'essentiel. En revanche, si vous arrivez chaque matin au bureau avec des pieds de plomb et qu'aucune issue ne vous semble possible, privilégiez le dialogue (à noter que cette technique révolutionnaire fonctionne aussi très bien en matière de couple). Dans toute boîte qui se respecte, il y aura toujours une oreille souvent bien plus attentive que vous ne le pensez. En fonction de la taille de la structure dans laquelle vous évoluez, cela peut être la personne qui la dirige, celle à la tête des ressources humaines, votre supérieur hiérarchique. Ou la machine à café, si vous êtes du genre timide (juste pour vous entraîner...). Vous seriez surpris des bienfaits d'une bonne discussion pour faire le point sur votre moral, vos envies et vos aspirations.

Comme nous avons été des deux côtés de la barrière (employés et employeurs), nous sommes persuadés que cette méthode peut faire des miracles. Partez de deux principes simples : le premier est que votre patron n'est pas dans votre cerveau (et c'est mieux ainsi), il ne connaît pas vos attentes et il a tout intérêt à ce que vous vous sentiez épanoui et/ou motivé au quotidien ; le second est qu'un chef d'entreprise ou un manageur a besoin de stabilité, de pouvoir compter sur ses collaborateurs et de se reposer sur eux. Il a tout intérêt, là encore, à vous garder et à éviter un *turnover* aussi contre-productif que chronophage. Vous avez envie de relever de nouveaux challenges ? Dites-lui ! Vous estimez avoir fait le tour de votre poste et aimeriez suivre une formation interne pour évoluer vers un nouveau métier de votre entreprise ? Expliquez-lui ! Vous vous sentez l'âme d'un chef d'équipe ?

Montrez-lui ! Dialogue, compromis, efforts… Tentez ! Et si vous ne vous sentez pas écouté ni considéré, et que cela vous ronge de l'intérieur, il est peut-être en effet temps d'aller voir ailleurs si vous y êtes. La vie (professionnelle) est bien trop courte pour s'ennuyer. Plus facile à dire qu'à faire ? Personne n'a jamais dit que la reconversion était une partie de plaisir.

Et comme le veut la tradition, concluons par une anecdote personnelle que nous avons vécue avec **Emma**, notre plus ancienne salariée.

> La jeune femme de 27 ans a postulé en juin 2016 en tant qu'employée polyvalente. Nous nous sommes mis d'accord sur le fait qu'elle débuterait à la plonge et à la préparation des plateaux pour éviter le contact avec la clientèle, car elle se considérait comme quelqu'un de particulièrement timoré. Au bout de six mois, nous avons eu une première discussion et l'avons encouragée à prendre le taureau par les cornes : se frotter au service en salle. Un grand plongeon vers l'inconnu que nous estimions utile et profitable pour les deux parties. Un mois plus tard, les résultats de cette « thérapie de choc » dépassaient toutes nos espérances : Emma se sentait comme un poisson dans l'eau, n'hésitant pas à blaguer avec nos plus fidèles gourmands. Puis arriva ce qui devait arriver : en octobre 2018, elle sollicita un rendez-vous avec nous pour évoquer une forme de lassitude. Emma souhaitait relever de nouveaux défis et trouver un poste axé sur la relation clients (suivi de commandes, *back office*, etc.) dans une autre entreprise. Nous avons passé quelques nuits blanches à nous triturer le cerveau car nous voulions absolument éviter son départ. Un nouvel entretien a permis de lister tout ce

qu'elle désirait accomplir au quotidien : gérer davantage les coulisses, travailler sur des projets de A à Z et apporter sa touche personnelle. Et pourquoi pas le faire chez nous ? Nous avons donc créé le poste d'assistante manageuse spécialement pour elle : gestion des stocks, réponse aux dizaines de mails quotidiens (sur tout un tas de sujets plus ou moins loufoques), contacts avec nos fournisseurs pour les commandes de matières premières, liens réguliers avec notre laboratoire de production, merchandising de notre petite épicerie, etc. Une nouvelle vie professionnelle chez le même employeur, en somme.
Le pari s'est avéré gagnant : en janvier 2020, Emma a signé un avenant pour devenir manageuse de L'Impertinente ! L'ancienne timorée gère désormais une équipe de cinq salariés (pour la partie salon de thé, la gestion du laboratoire de production étant confiée à notre chef pâtissier) et incarne à 100 % l'âme de notre « poney-club ».

7) *House of Cards*

Le hasard fait parfois bien les choses. Et parfois, non. Tout roule comme sur des roulettes quand, soudain, un événement détruit en quelques secondes le château de cartes que vous avez mis des années à bâtir : maladie, licenciement, deuil, accident de la vie… Les répercussions sont multiples et touchent tous les aspects de votre quotidien. Nous ne saurions vous dire comment les surmonter car nous ne sommes, encore une fois, ni psychologues ni gourous. Voici un témoignage qui donnera sans doute du courage à ceux qui doivent se battre et réinventer leur vie professionnelle malgré eux.

Agnès, 49 ans, mariée à Daniel :

> « Nous nous sommes rencontrés à une fête du divorce : nous savions que notre histoire serait inhabituelle ! Daniel travaillait chez un grossiste en tringlerie tandis que j'évoluais dans le social. Daniel a eu son premier cancer à 28 ans. Il en a eu cinq depuis. Au quatrième, il a dû quitter son job car son employeur ne pouvait pas lui proposer de poste adapté. Une pension d'invalidité de 498 euros, un statut de handicapé et le non-renouvellement de mon contrat après six ans dans la même entreprise nous ont obligés à nous retrousser les manches. À force de traverser ensemble les épreuves de la vie, nous avons acquis des compétences complémentaires. À nous la liberté ! Nous avons créé notre petite boutique dans notre garage. Au départ, mon mari revisitait des meubles anciens, et je modelais des accessoires et objets déco. Nous avons ensuite fait évoluer notre offre en fonction de la maladie de Daniel et des demandes de notre clientèle. Depuis, notre petite échoppe a fait peau neuve et propose la vente de laine, mais aussi des ateliers couture et crochet. Nous ne savons pas de quoi demain sera fait, mais nous savourons chaque instant de cette nouvelle aventure. »

8) « J'ai mal au travail »

Attention, sujet sensible, voire explosif. C'est désormais une réalité que personne ne peut occulter : le travail peut devenir une souffrance, aussi bien physique que psychologique. Parmi les centaines de témoignages que nous avons reçus, un mot revenait dans un bon tiers d'entre eux : « burn-out ». Préoccupant et complexe.

La minute confiture
(car moins on en a, plus on l'étale)

Découvert il y a quarante ans par le psychologue américain Herbert J. Freudenberger, le burn-out ou syndrome d'épuisement professionnel se caractérise selon l'Organisation mondiale de la santé comme « un sentiment de fatigue intense, de perte de contrôle et d'incapacité à aboutir à des résultats concrets au travail ». D'après les études menées sur le sujet, le point commun entre les personnes concernées est un fort engagement personnel dans un métier exigeant où l'autonomie est encouragée. On estime par ailleurs que plus de trois millions de travailleurs français présenteraient un risque élevé aujourd'hui.
Néanmoins, un burn-out ne se diagnostique pas sur la base d'un seul symptôme mais sur la convergence de plusieurs signaux : fatigue permanente, insomnie, migraine, anxiété, irritabilité, isolement émotionnel, cynisme, difficultés à prendre des décisions, etc. Tout le monde peut être touché : du patron de PME qui cumule 90 heures par semaine, pour un revenu dépassant à peine le SMIC, au manager perfectionniste qui part chaque soir trois heures après ses collaborateurs, en passant par le salarié qui subit les brimades d'un patron tyrannique. Une autre difficulté est de différencier le burn-out de la dépression : l'amalgame est courant, mais schématiquement, le burn-out concerne uniquement la sphère professionnelle, là où la dépression atteint plusieurs pans de la vie.

Nous n'avons pas de recette parfaite pour vous sortir de ce mauvais pas – quoique les cookies de Marine (voir p. 138) peuvent vous apporter une vraie dose de réconfort – mais voici notre opinion personnelle sur le sujet : absolument personne ne devrait se mettre en danger mental à cause du travail. Votre patron vous pourrit la vie ? Vous ne dormez plus à cause du stress quotidien ? Vous arrivez au bureau avec la boule au ventre ? Vous avez l'impression d'être entré dans un tunnel sans fin ?

Sérieusement: barrez-vous, faites-vous aider et changez de voie. Vous avez peut-être des enfants, un crédit sur le dos et peur de l'inconnu, mais rien ne vaut l'essentiel: votre vie. Dans un tel cas de figure, l'isolement est votre pire ennemi: parlez-en à votre entourage, à des spécialistes, à des associations (il y en a dans chaque région), au service des ressources humaines de votre entreprise (si vous l'estimez à l'écoute), pour tenter de sortir de la spirale dans laquelle vous vous enfoncez doucement mais sûrement.
La pudeur nous empêche de développer davantage cette thématique, qui nous a personnellement touchés à plusieurs reprises, mais nous savons désormais qu'on ne construit pas une nouvelle vie professionnelle sur de mauvaises bases. Ne pensez pas que tout se réglera d'un coup de baguette magique, simplement en changeant de job. Vous risquez d'intégrer votre nouveau poste avec les mêmes problèmes, et nul doute qu'ils ressurgiront un jour ou l'autre, d'une façon ou d'une autre. Prenez le temps de souffler, faites-vous accompagner, entreprenez un travail sur vous-même si nécessaire, puis, quand le moment sera venu, réfléchissez au projet qui vous permettra de repartir du bon pied. Parenthèse fermée.

Place au témoignage de **Gaëlle**, 26 ans.

> «J'ai toujours adoré travailler. À 26 ans, j'ai déjà eu l'occasion de tester de nombreux métiers, notamment en parallèle de mes études à l'université de Bruxelles en langues et littératures françaises et romanes: ouvrière, vendeuse, serveuse, secrétaire, employée administrative, baby-sitter, traductrice, correctrice de mémoires…

Je rêvais d'intégrer le monde de l'édition, et j'y suis parvenue pour un stage de trois mois dans un magazine de bandes dessinées réputé. Je suis arrivée confiante, j'en suis ressortie détruite. Pour la première fois de ma vie, j'ai été victime de harcèlement et de la malveillance de la part d'un supérieur qui m'a fait vivre l'enfer. Je me suis sentie seule, humiliée, stupide de ne pas savoir comment réagir, et j'ai perdu toute confiance en moi. J'ai entamé une période de dépression et j'ai commencé à pâtisser en guise d'échappatoire, de jour comme de nuit. J'ai testé des recettes des dizaines de fois, jusqu'à obtenir un résultat parfait. C'était la seule chose qui me faisait du bien. Sans m'en rendre compte, j'étais en train de me former à mon futur métier, à mille lieues de mes études qui me destinaient à un job de bureau. Aujourd'hui, je suis l'heureuse cheffe pâtissière d'une ligne de supermarchés bio à Bruxelles, et je fournis tous les jours une dizaine de magasins. Je ne regrette rien et suis fière d'avoir remonté la pente. »

9) Retour vers le futur

« Travaille à l'école,
sinon tu finiras comme moi,
et tu le regretteras toute ta vie. »

On a tous entendu cette phrase d'un ami de nos parents, de nos propres parents ou d'un tonton un peu bizarre. Celui qui portait des cols roulés en été. Et on s'est tous dit que c'était une phrase de « vieux con ». Sur le principe, cela s'entend : on a *a priori* plus de chance de réussir[1] sa carrière en ayant suivi un cursus exemplaire que l'inverse. Cependant, comme la vie n'entre jamais dans des petites cases, nous avons rencontré de nombreux cancres qui ont vécu une vie professionnelle aussi riche que respectable et des « premiers de la classe » pour qui tout ne s'est pas passé comme prévu.

1. Oui, nous sommes d'accord avec vous, nous pourrions publier un bouquin entier très philosophique sur la notion de réussite.

En 1986, Los Lobos en a même fait un titre devenu culte :

Para bailar la bamba,
Para bailar la bamba,
Se necesita una poca de gracia.

Ne cherchez ni lien ni sens, c'est du 100 % absurde, mais un interlude musical n'a jamais fait de mal à personne, et nous nous étions promis de placer ce chef-d'œuvre de la musique espagnole dans cet ouvrage. Appelons cela une consécration.
Mais revenons-en à nos poneys : certains auraient aimé entreprendre des études ambitieuses ou tout simplement suivre une autre voie, mais la vie en a décidé autrement. Pas grave, puisque notre tonton bizarre avait tort : on peut rebondir, se reconvertir, se réinventer, peu importe son passé scolaire (et son passé tout court). Finalement, le seul regret que vous puissiez avoir, c'est de ne pas avoir tenté.

Morgane, 31 ans, a su rattraper le temps perdu :

> « Je suis issue d'une famille de six filles, avec une maman au foyer et un papa aide-soignant. Faire des études n'était pas monnaie courante à la maison. À 18 ans, j'ai pris mon envol sans aucun bagage universitaire. Après plusieurs petits boulots (travail à la chaîne en usine, magasins de vêtements, etc.), je suis devenue conseillère commerciale pour un grand nom du crédit à la consommation. Je me voyais y faire carrière. La crise financière de 2008 en a décidé autrement et m'a fait réfléchir sur mes envies profondes et le sens que je souhaitais donner à ma vie professionnelle. J'ai quitté mon emploi avec la rage de réussir pour mes deux petites filles, et j'ai tout repris de zéro : équivalence de bac,

une année en faculté de médecine (je rêvais de devenir sage-femme, donc j'ai tenté), puis je suis entrée en école de soins infirmiers pour trois années. J'ai ensuite ressenti le besoin d'aller encore plus loin, de comprendre le système de santé, de participer à son amélioration, d'inventer. J'ai intégré un master innovant qui venait d'ouvrir. Deux ans de travail acharné plus tard, j'ai obtenu mon diplôme avec une mention très bien. Rien n'est impossible, et si c'était à refaire, je recommencerais sans hésiter. »

10) L'amour donne des ailes

« Aimer c'est ce qu'y a d'plus beau,
Aimer c'est monter si haut,
Et toucher les ailes des oiseaux,
Aimer c'est ce qu'y a d'plus beau[1] *».*

« Je vole, Jack, je vole ! »

1. Cécilia Cara et Damien Sargue, « Aimer », *Roméo et Juliette, de la haine à l'amour*, Universal Music Publishing/KGD communication.

Vous êtes foutu. Vous allez avoir la chanson dans la tête pour un bout de temps, et ça nous fait bien marrer. Nous avons beaucoup parlé d'amour dans cette partie. Pourquoi ? Parce qu'au-delà de tout ce qui vous traverse l'esprit ou le cerval (un cerval, des cerveaux, voyons !) lorsque vous pensez à votre réorientation professionnelle, cette dernière est avant tout une histoire de cœur. Certains d'entre vous créeront leur activité par passion, d'autres quitteront leur employeur à force d'espoirs déçus ou parce qu'ils n'ont plus le cœur (eh oui…) à ce qu'ils font. Dans tous les cas, sauter le pas consistera davantage à écouter ce qu'on pourrait qualifier de « for intérieur » plutôt que votre tête (qui trouvera 1 000 raisons de rester confortablement à votre place). Pour quelques-uns – nous y compris –, le choix de la reconversion est fortement facilité par la personne qui partage votre vie. Projet commun, soutien inconditionnel… À deux, c'est souvent mieux.

Maxime, 35 ans, est la preuve vivante que l'amour donne des ailes :

> « Depuis tout petit, je voulais devenir journaliste. À 25 ans, j'ai réalisé mon rêve : je tenais entre les mains la carte de presse tant désirée. Pendant cinq ans, j'ai collaboré aux plus grandes émissions de télévision. J'ai vécu des choses incroyables pour "un petit gars de la campagne" : j'ai pris le taxi pour la première fois, mangé des sushis, rencontré des gens connus – pas toujours intéressants –, d'autres inconnus mais extrêmement enrichissants. Mais le métier a des contraintes : à la télé, il faut entrer dans des cases, produire toujours plus vite pour moins cher, parfois tricher. Mon cerveau a dit stop : j'ai fait un burn-out. La chance que j'ai eue, dans cette épreuve, est de vivre avec ma compagne. Elle m'a ramené dans ma ville natale,

quittant ainsi la grisaille pour les plages et les cannelés locaux. Son rêve à elle, c'était d'avoir son petit magasin. Nous avons travaillé comme des acharnés pour le concrétiser et ouvrir à Bordeaux *Do you speak* français ?, un lieu unique où partager tous nos coups de cœur (vêtements, bijoux, cosmétiques, déco) uniquement *made in* France. Ce bébé a ouvert en 2015 et résume à lui seul ce que je ressens pour ma compagne. Finalement, j'ai retrouvé mes premières amours : la vie des gens. »

Et nous, dans tout ça ? Parce que oui, avant d'être « les Impertinents », nous sommes « les Amoureux » et travaillons ensemble jusqu'à quatorze heures par jour. En fouinant dans les archives d'Alexandre, Jean-Luc a retrouvé ce texte publié sur la page Facebook de L'Impertinente en février 2016 (soit après un an et demi d'ouverture).

Vous voulez savoir si votre couple va durer ? N'envoyez pas « DIVORCE » au 3216 ! Il y a beaucoup plus simple : montez une SARL ensemble. Et préparez-vous à vivre une drôle d'aventure. Vous nous demandez souvent à la caisse : « C'est comment de bosser en couple ? » Souvent, pour plaisanter (un peu), on répond : « Vous ne voulez pas savoir… »

À quoi êtes-vous prêt à renoncer ?

C'est un peu la question que vous devez vous poser avant d'envisager de créer votre boîte, peu importe le domaine. Si vous tenez à vos soirées, week-ends, à votre vie sociale, salaire et à vos horaires fixes, grasses matinées, vacances régulières, à l'insouciance, la forme olympique, etc., oubliez tout de suite.

La création d'entreprise est déjà une épreuve à part entière. Pour nous, entre l'idée et l'ouverture, il s'est déroulé neuf mois. Marine a quitté son job pour s'y consacrer à plein temps, et j'ai gardé toutes mes activités (ma boîte de communication et l'enseignement) car il n'était pas prévu que j'y passe beaucoup de temps. Hinhin. Neuf mois de dossiers, de demandes d'autorisation, de pas en avant, de pas en arrière, de travaux, de doutes, de stress, d'engueulades (sur des sujets aussi sensibles que le choix de la tapisserie fleurie). Neuf mois à y penser matin, midi et soir, à se demander si l'on faisait les bons choix, avec l'étrange sensation de ne bosser que sur de l'abstrait... jusqu'au début des travaux. Si ton couple survit à cette étape, tu peux déjà t'estimer heureux, tu as fait la moitié du chemin. Puis le jour de l'ouverture approche, tout s'accélère, tu as 10000 choses à régler, les journées sont de plus en plus remplies, les nuits de plus en plus courtes. Il est alors temps d'ouvrir ta boutique... et advienne que pourra.

Bienvenue dans ta nouvelle vie

On avait bien fait les malins pendant des semaines sur Facebook, à coups de blagues foireuses et de coulisses partagées. Du coup, on était déjà 1 000 sur notre page Facebook le 9 mai 2015, le jour de l'ouverture. Ce premier jour, on l'a senti passer. On était deux, sans la moindre expérience... et on a vu débarquer 91 clients au cours d'un après-midi. Pareil le lendemain. Et le surlendemain. C'est bien simple, le premier mois, on rentrait chez nous à 22 h 30 en moyenne pour repartir le lendemain à 7 heures, avec cette peur viscérale de décevoir, surtout après un tel buzz de démarrage. Pas le temps de faire nos courses personnelles :

l'appart ressemblait à un camping géant, on mangeait du pain à burger et de la confiture au potiron le matin. Bref, là aussi, tu testes la résistance de ton couple. Mais tu comprends très vite que ce n'est qu'un début…

Démarrer, c'est bien. Durer, c'est mieux

Rien ne prépare à ce qui t'attend quand tu lances ton établissement. Au bout de quelques semaines, tu commences à prendre tes marques, mais la fatigue s'installe. Tes « week-ends » sont consacrés à la compta, aux courses, au rangement, et le temps passe à une vitesse assez hallucinante. Mais tu ne vas tout de même pas te plaindre : ton salon de thé fonctionne, les clients ont l'air content. Puis un soir, avec Marine, on s'est regardés : on avait des tronches de déterrés, j'avais déjà pris 2 kilos (pas à cause des gâteaux, plutôt des restos ou des livraisons de repas, vu que tu n'as pas le courage de cuisiner le soir). Et on a compris qu'on ne vivait que pour L'Impertinente, qu'on ne parlait que de L'Impertinente et qu'on ne voulait absolument pas devenir des collègues de boulot. Que L'Impertinente fonctionne est une chose, mais nous sommes avant tout un couple, pas question de l'oublier. On a eu la chance de pouvoir embaucher assez rapidement (on est passé de deux à huit, en quelques mois), et on a mis en place quelques règles que l'on partage avec vous, notamment si vous voulez vous lancer un jour.

Règle 1 du « poney-club » : on ne parle pas du « poney-club » à la maison.

Plus facile à dire qu'à faire, surtout au début. Au bout de huit mois, on y est parvenus. Dès que l'on rentre à la maison, on n'en parle plus, on redevient Marine et Alex, on essaye au maximum de couper internet (même si c'est compliqué).

Règle 2 : chacun doit avoir sa place.

C'est certainement le plus important. Chacun son rôle, chacun ses missions, chacun son territoire. Et chacun son chemin, passe le message à ton voisin. Marine gère l'aspect cuisine, la décoration (elle a dessiné le lieu de A à Z), le management au quotidien. Je m'occupe de la communication, de la gestion et des coulisses. Et on décide de la stratégie en couple. Je ne mets pas mon nez dans son domaine (je mange juste tout plein de gâtals), elle ne gère pas la page Facebook. En résumé, mon rôle est de faire venir les clients, le sien est de les faire revenir.

Règle 3 : éviter les engueulades.

Surtout dans une cuisine ouverte. Les désaccords arrivent, la pression pendant les coups de bourre (genre le week-end de 14 heures à 19 heures) est maximale. Surtout quand on est à 4 dans 2 mètres carrés (et ce n'est pas une expression). Vous vous êtes pris la tête le matin à cause d'une histoire de monnaie ou de caisse de boissons ? Cela ne regarde pas vos clients, vous devez être pros et souriants.

Règle 4 : rester un couple.

On s'est tout de suite mis d'accord sur le sujet : la pérennité de notre couple passe avant celle du salon de thé. De toute façon, pas d'Impertinente sans Impertinents. C'est la raison pour laquelle nous fermons régulièrement pour partir en vacances ou en week-end.

Règle 5 : ne mettez pas tous vos œufs dans le même panier.
C'est finalement la meilleure décision qu'on ait prise. Pas question de compter uniquement sur le salon de thé pour vivre à deux, ni de travailler à temps plein tous les deux sur place. Faites-le si vous le pouvez, mais nous conseillons qu'un membre du couple garde une activité complémentaire. Faut juste aimer bosser sept jours sur sept. Voilà pourquoi je ne suis quasiment plus présent en boutique en semaine mais uniquement le week-end, en renfort. Au moins, on a des choses à se raconter le soir, et je peux écrire mes posts Facebook peinard à la maison.

Et la suite ?
On continuera tant qu'on y prendra du plaisir. Il existe des métiers bien plus simples et bien plus lucratifs, sinon. On a conscience de vivre une aventure assez exceptionnelle, on hallucine parfois de tout plein de choses... mais une fois rentrés à la maison, on redevient simplement Marine et Alex.

11) La plus belle des raisons : la vôtre

Oui, c'est un sous-titre cucul la praline. Oui, nous l'assumons à 100 %. Nous conclurons cette partie comme nous l'avons commencée : en vous rappelant qu'il existe des centaines de points de départ à un changement de vie professionnelle. Ces témoignages et anecdotes vous ont offert un premier aperçu et une base de réflexion. Choisis ou subis, les chemins que vous emprunterez vous appartiennent, eux aussi à 100 %.

Vous venez d'avoir un bébé, et cela a créé chez vous de nouvelles aspirations ou le désir de trouver un meilleur équilibre entre votre travail et vos moments à la maison ? Nul doute qu'une reconversion sera le second événement le plus marquant de l'année. Vous ne supportez plus la grisaille parisienne et ressentez le besoin de respirer le bon air des montagnes ? Et pourquoi pas, après tout ? Votre moitié est mutée à l'autre bout de la France et vous souhaitez en profiter pour tenter, vous aussi, une aventure inédite ? En voilà une bonne démarche ! Vous pensez avoir l'idée du siècle qui fera de vous le créateur d'entreprise dont tout le monde parlera dans quelques mois ? Il est peut-être temps de quitter votre job « plan-plan »… Et nous pourrions continuer ainsi des pages et des pages.

Si vous êtes pressé, rendez-vous immédiatement en page 129 pour commencer notre cahier d'exercices. Sinon, restons ensemble encore un moment, et concentrons-nous désormais sur d'autres raisons, davantage externes, qui peuvent vous pousser à vous reconvertir. Là aussi, ça risque de déménager. Juste un peu.

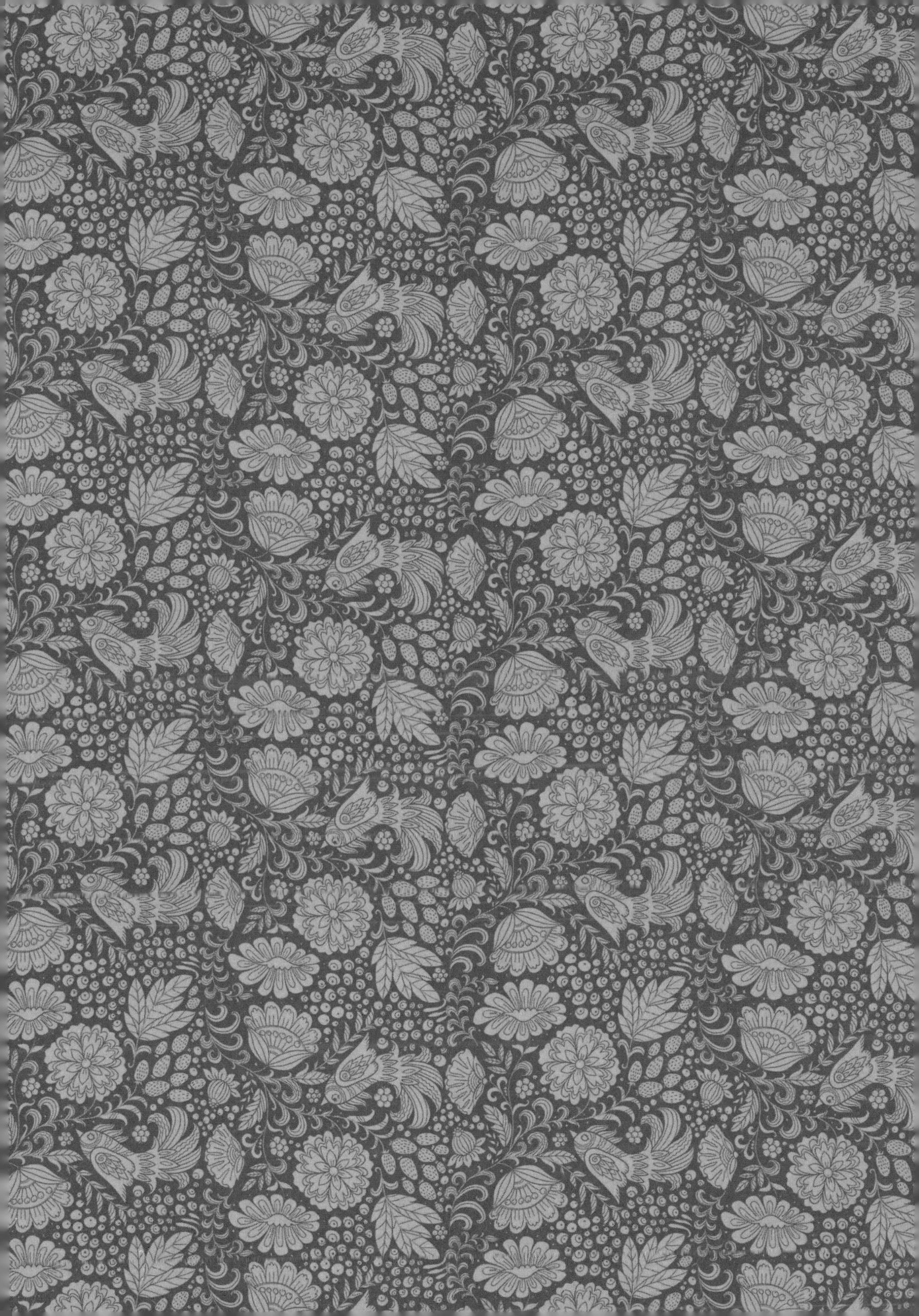

Partie 3

La face Cachée de la reconversion

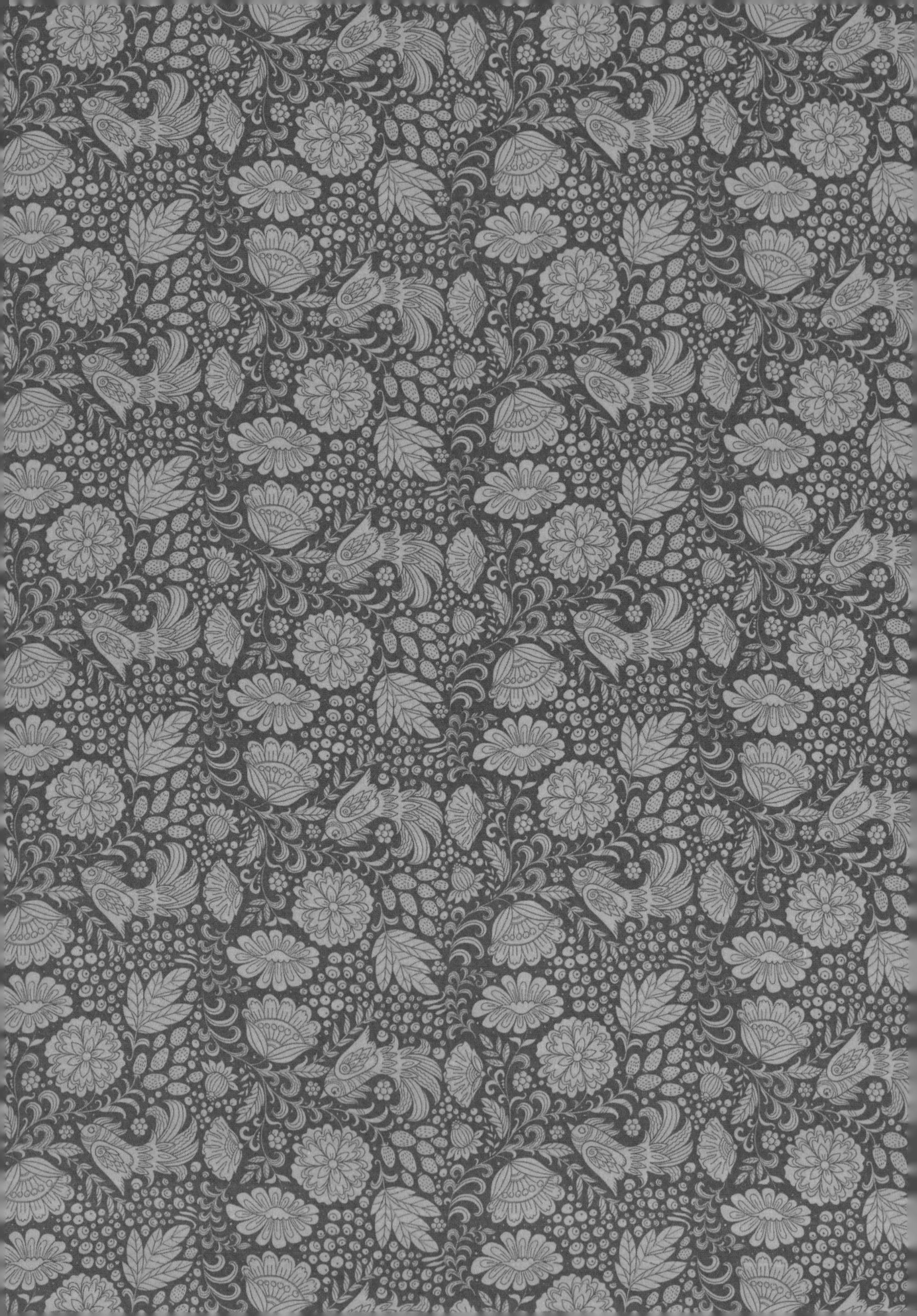

APPRENDRE À GRATTER LE VERNIS

« Ah, je rêve tellement de faire comme vous... »
Cette phrase, nous l'avons sans doute entendue des milliers de fois depuis notre ouverture en 2015. Nous l'avons décortiquée, digérée, analysée, parce que, mine de rien, huit petits mots en apprennent parfois beaucoup plus que des heures et des heures de discussion. Était-ce l'expression d'un fantasme, dans le sens « Ah, si seulement j'avais le courage de me lancer comme vous, mais jamais je n'oserais... » ? Après tout, vue de l'extérieur, notre situation peut sembler paradisiaque : se lever le matin en aimant ce que l'on fait, vivre en faisant ce que l'on aime, connaître un succès retentissant dès le premier jour, être entourés d'une équipe bienveillante et ultra cool, avoir l'honneur de nombreux reportages télévisés et articles de presse... Il est parfaitement compréhensible que certains se disent : « Puisqu'ils y sont parvenus en partant de rien, sans un rond, ni la moindre expérience, je peux y arriver aussi. Allez, je lâche tout, et en avant Guingamp ! »
Sauf qu'il y a un « petit truc » qui vous revient en pleine poire au bout de quelques mois et qui s'appelle la réalité. La reconversion, comme tous les autres sujets, a sa face cachée. Les réseaux sociaux, les reportages en tous genres et une certaine forme de pression sociale ont provoqué chez beaucoup d'entre nous le souhait – tout à fait louable et légitime – de s'exprimer/se réaliser/s'accomplir à travers sa vie professionnelle. Et si nous grattions ensemble le vernis de ces jolies histoires pour que vous preniez vos décisions avec le maximum de cartes en main ?

Ce n'est que de la télé !

Un dimanche soir de janvier 2016, Lille, 21 h 10. Une célèbre émission sur une non moins célèbre chaîne de télévision s'intéresse au phénomène de la reconversion. Nous avons ouvert L'Impertinente depuis quelques mois, la semaine est finie, nous sommes vannés. Le sous-titre nous interpelle : « Changer de vie : ces Français qui ont réalisé leur rêve. » Tout un programme, se dit-on ! Le sommaire semble plutôt fluide : un reportage se concentrera sur les réussites, un autre sur les plantages, tandis que la dernière partie sera consacrée à celles et ceux qui testent un nouveau métier une journée ou une semaine pour confirmer (ou non) leur choix.
23 heures, place au bilan. Un élément nous frustre et nous dérange : ce fameux « soit tout noir, soit tout blanc ». D'un côté, les incroyables *success stories,* comme cet ancien instituteur désormais à la tête d'un complexe hôtelier 100 % écolo à l'autre bout

du monde. Ses journées sont rythmées par des sessions de surf, des apéros sur la plage et la gestion d'un personnel dévoué. Il nous fait comprendre, grosso modo, « qu'on est bien con de rester en France, ce pays où tout le monde tire la tronche et où les bonnes idées sont tuées dans l'œuf. Sans parler des charges salariales et du droit du travail ! » Soit. De l'autre côté, les reconvertis qui se sont littéralement cassé les dents. Ils aspiraient à une nouvelle vie et à l'indépendance. Ils ont connu le burn-out, le divorce ou le dépôt de bilan. Et parfois, les trois à la fois. Ils espéraient trouver un sens à leur quotidien en quittant un bureau climatisé pour ouvrir une maison d'hôtes. Six mois leur ont suffi pour comprendre qu'ils avaient peut-être commis la plus grosse erreur de leur existence. Par chance, les témoignages des reconvertis en devenir, qui accomplissent un stage de découverte de plusieurs jours, relèvent le niveau. (Marine avait d'ailleurs fait ce choix : avant d'ouvrir notre salon de thé, elle avait passé une semaine au service et en cuisine dans un salon de thé lillois.)

Bien entendu, ce n'est que de la télé. Bien entendu, il faut aller à l'essentiel, faire simple, synthétique. Mais tout de même : nous, reconvertis, on ne s'y retrouve pas vraiment. *Quid* des échecs, des râteaux, des chutes qui vous font grandir encore plus vite que la soupe de mamie ?

Injonction, quand tu nous tiens…

Ce type d'émission doit malgré tout donner envie à pas mal de gens de changer de vie professionnelle. D'autant que le sujet revient à tout bout de champ : dans la presse, à la télé, à la radio, et même sur les réseaux sociaux. En journalisme, on appelle cela « un marronnier ». Mais si, vous connaissez forcément ! Ces couvertures redondantes sur « Les classements des meilleurs hôpitaux de France » ou « Francs-maçons : pourquoi ils vous contrôlent (et vont manger vos enfants) ? » ou « Comment perdre 5 kilos avant l'été en restant dans votre fauteuil et en mangeant des burritos ? ». Sans oublier « Les triplés qui passent le bac » au 13 heures de Jean-Pierre Pernaut. Tiens, d'ailleurs, c'est l'heure de la minute confiture.

La minute confiture
(car moins on en a, plus on l'étale)

L'expression viendrait d'un marronnier rose qui fleurissait chaque année au printemps sur la tombe des gardes suisses tués lors de l'invasion du palais des Tuileries. L'événement faisait l'objet d'un article annuel dans la presse. Depuis, un « marronnier » désigne un sujet qui se répète dans les journaux de façon particulièrement prévisible.
Voilà, c'est tout pour nous. *Ciao !*

Comme un parallèle à la quête de sens que nous avons déjà évoquée, l'injonction à s'exprimer/se réaliser/s'accomplir à travers son job est somme toute récente et prend une ampleur un peu plus importante chaque année. On ne compte plus les articles, les livres, ou les podcasts qui vous invitent à « devenir qui vous êtes vraiment » grâce à votre boulot. Pffffffiiiiiooou, sacrée pression, quand on y pense ! Et joli casse-tête pour les entreprises qui, pour la plupart, vous proposent de signer un contrat pour un job et ses missions, pas nécessairement pour « devenir qui vous êtes vraiment ». Déception, frustration… reconversion ? Pourquoi pas, mais là encore, gare aux désillusions.

Vous l'aurez compris : consultez vos journaux préférés (y compris *Voici*), vos livres de chevet (qu'il s'agisse du *Club des Cinq* ou de *Cinquante nuances de Grey*) et vos fils d'actualité avec un œil critique et averti. Gardez toujours à l'esprit qu'il existe 1 000 façons de vous exprimer et de vous réaliser en dehors de la vie professionnelle. Cela peut être, entre autres, en créant une association, en vous concentrant sur votre vie de famille ou en vous engageant quotidiennement pour votre ville. Réfléchissez-y sereinement et prenez vos décisions pour vous, pas pour entrer dans un quelconque moule ou pour recevoir l'aval de vos followers. Plus facile à dire qu'à faire, c'est certain.

Les millions de posts quotidiens, filtrés et carrés, où chaque instant semble d'une profondeur inouïe et d'un bonheur extatique font nécessairement des dégâts chez les spectateurs que nous sommes. Ils peuvent facilement donner l'impression que l'herbe est plus verte ailleurs, que l'on passe à côté de beaucoup de choses, que tout est possible et accessible et que « Merde, on est tout de même bêtes de rester des salariés, le fondement posé sur une chaise 35 heures par semaine », ou que notre intérieur est vraiment très mal rangé (mais c'est une toute autre histoire). Même Alexandre, qui évolue pourtant dans ce domaine depuis bien longtemps, s'est surpris à déprimer à plusieurs reprises en scrollant son fil d'actualité (sans doute parce que personne ne parlait d'un sujet ô combien important : le début de calvitie...). « Existe ! » « Innove ! » « Sois meilleur que ton voisin ! » « Éclate-toi ! » « Réalise-toi, et fais-le savoir ! » Pfffffiiiiiioooou, sacrée pression (oui, encore !). On en viendrait presque à regretter l'époque où nos professeurs rendaient les copies de la note la plus haute à la plus basse… Mais une fois encore, tout est une question de nuance car, bien utilisés, les réseaux sociaux peuvent être de formidables outils d'aide à la reconversion. Si, si, on vous jure.

Adopteunenouvellevie

« **Vous vous êtes rencontrés comment ?** »
Cette phrase aussi, nous l'avons sans doute entendue des milliers de fois depuis notre ouverture en 2015. Ça tombe bien, nous avons passé un master « Réponse aux interrogations en tous genres en préparant un plateau rempli de gâtals ». Pendant des années, nous avons répondu par une pirouette. Celle de l'humour, du genre « Marine se promenait dans un refuge de la SPA, Alexandre s'était fait enfermer dans une cage, avec l'aide d'un complice, et miaulait sans cesse. Marine passait par là. Elle a craqué et est rentrée à la maison avec un gros animal barbu ». Comme nous ne sommes qu'entre nous et que nous commençons à vous apprécier, nous pouvons enfin vous dévoiler la terrible vérité : nous nous sommes connus sur le site Adopteunmec. Nous vous laissons le temps de reprendre votre souffle avant de poursuivre l'histoire.

Le lien avec votre reconversion ? Minute, papillon. Nous y venons. Sans ce réseau de rencontres, nous n'aurions pas eu la moindre chance de faire connaissance. Ville, vie professionnelle et cercles d'amis différents. Et c'est exactement la même chose avec les réseaux sociaux, mais aussi avec les réseaux professionnels, comme LinkedIn pour ne citer que lui. Bien utilisés, ils ouvrent des opportunités jugées impossibles il y a encore quelques années ou beaucoup plus longues à survenir. Que vous souhaitiez créer votre entreprise, vous faire connaître, entamer une formation pour changer de métier ou tout simplement échanger sur vos aspirations professionnelles, vous trouverez plus facilement des contacts sur les internets (sérieusement, qui parle comme ça ?) qu'en vous promenant dans la rue. Et nul doute qu'ils déboucheront sur des rencontres dans la vie réelle.

François, 41 ans, en a fait l'expérience :

> « Le décès de mon père a créé une onde de choc que je n'ai pas vu arriver. J'avais 36 ans, j'étais enseignant dans le secondaire, et j'ai remis toute ma vie en cause. Passionné par l'univers de la chaussure pour hommes, j'ai utilisé Instagram et ses célèbres hashtags pour trouver des comptes professionnels de cordonniers. La plupart m'ont répondu avec plaisir, et nous avons poursuivi nos discussions au téléphone. L'un d'entre eux a accepté de me prendre en stage un mois pour que je puisse découvrir toutes les facettes du métier. À son issue, mon choix était clair : j'ai entamé une formation à Châteauroux pour passer mon CAP, puis j'ai rejoint un artisan à Florence, connu lui aussi *via* les réseaux sociaux. J'imagine que ma reconversion aurait été moins facile il y a une vingtaine d'années. »

Conclusion : qu'il s'agisse de Facebook, Instagram, LinkedIn ou même Adopteunmec, ces outils peuvent être de formidables facilitateurs et accélérateurs, mais ils ne sont en aucun cas des potions magiques.
N'empêche, vous devriez tenter l'idée de la cage dans la SPA. Sur un malentendu…

« Oh, qu'il est beau, qu'il est beau, qu'il est beau, qu'il est beau mon réseau »

Hoplà, une autre chanson à la con dans la tête pour les prochaines heures. De rien, c'est inclus dans le prix du livre. Après « On n'est jamais mieux servi que par soi-même », l'expression « Tout seul, on va plus vite ; ensemble, on va plus loin » occupe la seconde place du podium dans notre petit cœur d'entrepreneurs. Il y a aussi « Pierre qui roule n'amasse pas mousse », mais faites le test autour de vous : personne n'est vraiment capable de l'expliquer. Ici, il s'agit d'insister sur l'importance des réseaux – qu'ils soient virtuels et/ou réels – dans votre processus de reconversion. Prenez du recul, multipliez les échanges, participez à des réunions d'information ou à des ateliers, entrez en contact avec ceux qui ont sauté le pas avant vous, ne prenez rien pour argent comptant, autrement dit, confrontez toujours plusieurs points de vue), et restez à l'écoute des opportunités et des conseils. Oui, ça en fait des choses, mais c'est en additionnant l'ensemble de ces éléments que vous mettrez toutes les chances de votre côté lorsque sonnera l'heure du choix final.

Et nous, dans tout ça ? Quels réseaux avons-nous utilisés ?

Nous ne partions pas totalement de zéro puisque Alexandre avait lancé son agence de communication en 2006 et maîtrisait les rouages de la gestion d'entreprise. Pour le reste, nous étions bel et bien des bleus dans l'univers de la restauration. Nous sommes allés à la rencontre de plusieurs gérants de salon de thé de notre région pour mieux appréhender ce qui nous attendait. Tous nous ont accueillis avec bienveillance et nous ont permis de nourrir notre réflexion. Sur le plan purement comptable, nous avons rejoint un club d'aide à la création géré par d'anciens chefs d'entreprise. Une véritable mine d'or, notamment en ce qui concerne la réalisation d'un business-plan crédible, même si nous avons déploré l'approche disons *old school* de ces messieurs : ils regardaient à peine Marine lorsqu'il s'agissait d'évoquer la partie chiffrée, considérant sans doute que sa place était en cuisine.

En septembre 2014, nous avons profité de la célèbre braderie de Lille pour vendre quelques pâtisseries en bas de chez nous et nous faire connaître neuf mois avant l'ouverture de notre « poney-club ». Sur notre stand, un petit écriteau « Si vous aimez l'humour douteux et les gâtals, rendez-vous sur Facebook @Limpertinentelille ». Sauf que tout ne s'est pas passé comme prévu. Alexandre a dû merdouiller une étape : on ne trouvait pas la moindre page en tapant « Limpertinentelille » sur le célèbre réseau social. Un bon loupé. Pas grave, un blog réputé a parlé de nous, l'aventure était officiellement lancée. Les mois qui ont suivi, nous avons partagé l'avancée du projet, les travaux, les réunions à la banque, les pas en avant, les pas en arrière avec une communauté qui grandissait chaque jour. Toutes les trois semaines, nous organisions un concours qui permettait à un abonné de remporter un goûter… chez nous, à la maison. Certaines rencontres pouvaient durer jusque trois heures ; elles nous confortaient dans l'idée que nous prenions la bonne direction. Du réseau réel ET virtuel, le mélange parfait. L'un ne va finalement pas sans l'autre, et nous allons vous expliquer pourquoi.

La com' : un moyen, pas une fin

« **Vous nous avez connus comment ?** »
Cette question, nous l'avons sans doute posée des milliers de fois depuis notre ouverture en 2015. Les deux premières années, la réponse la plus fréquente était « *via* les réseaux sociaux ». 1 000 abonnés sur Facebook le jour de notre inauguration, 16 000 un an plus tard : il est évident que cet outil a joué le rôle d'accélérateur que nous évoquions précédemment. Si nous avions créé notre salon de thé vingt ans plus tôt, notre développement aurait certainement été plus lent. De là à dire que nous n'étions qu'un « coup de com' », il n'y a qu'un pas, que certains rares détracteurs n'ont pas hésité à franchir. Des confrères nous ont également demandé des conseils sur le sujet, comme si la communication pouvait jouer le rôle de baguette magique.

La parole aux pros

Alexandre Luna, communicant depuis trois générations. (Ou presque.)

Vous voulez la vérité ? Une bonne « com' » ne fait pas de miracle puisqu'elle n'est qu'une part de votre stratégie globale : votre concept, votre offre, votre approche, votre équipe, votre emplacement, etc. Un maître mot : la cohérence. Oui, une « bonne com' qui vend du rêve » attire les curieux les premières semaines, mais le soufflé retombe immédiatement si la promesse initiale n'est pas tenue. Pour aller plus loin dans l'analyse, précisons que plus votre communication est efficace/bien pensée/audacieuse, plus vous vous ajoutez une pression dont vous ne soupçonnez pas forcément l'existence. Vos réseaux sociaux sont votre vitrine, un engagement : celui d'un bon accueil, d'un bon produit, d'un savoir-faire. Plus vous vous faites entendre, plus on parle de vous, plus l'attente de vos clients est grande. Gare au retour de boomerang !

Si nous n'étions qu'un « coup de com' », nous aurions tenu quelques mois tout au plus, pas cinq ans (au moment où nous rédigeons ces lignes). Sur les réseaux sociaux, nous avons fait le choix de la sincérité – n'hésitant pas à partager nos coups durs ou nos questionnements –, de la bienveillance et de l'humour douteux. Une belle façon de mettre en avant une aventure humaine, qui nous a menés bien plus loin que nous l'imaginions. Il y a juste des choses que l'on n'a jamais pu raconter. Maintenant, il y a prescription. Puis, nous ne sommes qu'entre nous, n'est-ce pas ?

Ce que nous n'avons jamais dit à propos de notre *success story*

Et c'est l'heure de retrouver Jean-Luc, notre ami imaginaire et narrateur omniscient.
13 avril 2017, Trouville, 20 h 15.

Sur TF1, Gilles Bouleau annonce un reportage sur « ces diplômés de grandes écoles qui ont tout quitté pour se reconvertir ». Marine apparaît sur l'écran géant placé derrière le présentateur vedette. D'ici quelques secondes, 7 millions de Français découvriront son parcours résumé en moins de quatre-vingt-dix secondes.
Deux minutes plus tard, les téléphones de Marine et Alexandre explosent littéralement et les messages de félicitations affluent par centaines. Passer à la grand-messe du 20 heures est une forme

de consécration pour de nombreux spectateurs. Pourtant, pour le couple, l'heure n'est pas franchement à la fête. Quelques heures auparavant, ils évoquaient non sans heurts leur souhait de tout arrêter, de passer à autre chose, de revendre. Presque deux ans après leur ouverture, leur premier bébé semblait leur avoir échappé, et ils se sentaient désormais à la tête d'un « monstre incontrôlable ». Comment un « petit projet à la cool » avec un peu d'aide extérieure s'était-il transformé en « machine de guerre » aux 11 salariés, avec des fiches de poste, des congés payés et tous les tracas que cette taille d'entreprise peut provoquer ? « Les emmerdes d'une boîte de 50 personnes avec les moyens d'une qui en compte trois », plaisantaient-ils souvent ensemble.

Ils avaient débuté en cuisine et au service de leur établissement, appréciant particulièrement les échanges avec les clients. Au bout d'un an, ils passaient plus de temps en coulisses, à régler des problèmes dont ils ne soupçonnaient pas l'existence quelques mois plus tôt. Les journées étaient interminables, la bureaucratie infernale, les nuits courtes, la pression constante. On parlait d'eux un peu partout, ils incarnaient une forme d'espoir pour de nombreux entrepreneurs à qui ils donnaient envie de se lancer (ils recevaient plusieurs centaines de messages par mois dans ce sens) et ils se sentaient parfois comme des enfants gâtés : comment peut-on se plaindre et se sentir à bout, lorsqu'on cartonne autant ? Le formuler serait non seulement un aveu d'échec, mais aussi le risque d'être pendus en place publique (oui, ils exagèrent parfois). Alexandre est le premier à avoir craqué. Avec deux autres activités parallèles, le rythme devenait intenable. Dix jours de repos forcés, un week-end prévu en Normandie et l'envie de se poser les bonnes questions sur ses véritables envies.

Cette pause normande s'est avérée salutaire : l'occasion de prendre du recul et de réfléchir à une sortie de crise sans renoncer à leur « poney-club » dont ils se sentaient si fiers. Former, déléguer, lâcher du lest : la voilà, la solution. Épaulé par la fameuse « belle-maman », le couple a mis les choses à plat pour repartir sur de nouvelles bases : saines et durables. Un travail de plusieurs mois, faits d'ajustements, de pas en avant, de pas en arrière et de décisions partagées avec le reste de l'équipe. Personne ne s'est rendu compte de rien, de l'extérieur, et les clients ont continué à affluer et à manger tranquillement leurs gâtals. Un an après ce week-end à Trouville, une forme de stabilité a fini par émerger.

Les journées sont toujours longues, la bureaucratie infernale, les nuits courtes, la pression constante, mais ils ont appris à les gérer autrement et à compter sur la complémentarité de leurs salariés. Désormais, lorsqu'on leur parle de *success story*, ils ont en tête ce soir du 13 avril 2017. Finalement, leur véritable succès a été de durer sans renoncer à leurs convictions et d'apprendre à gérer leurs peurs.
Ces peurs qui vont nécessairement accompagner votre processus de reconversion…

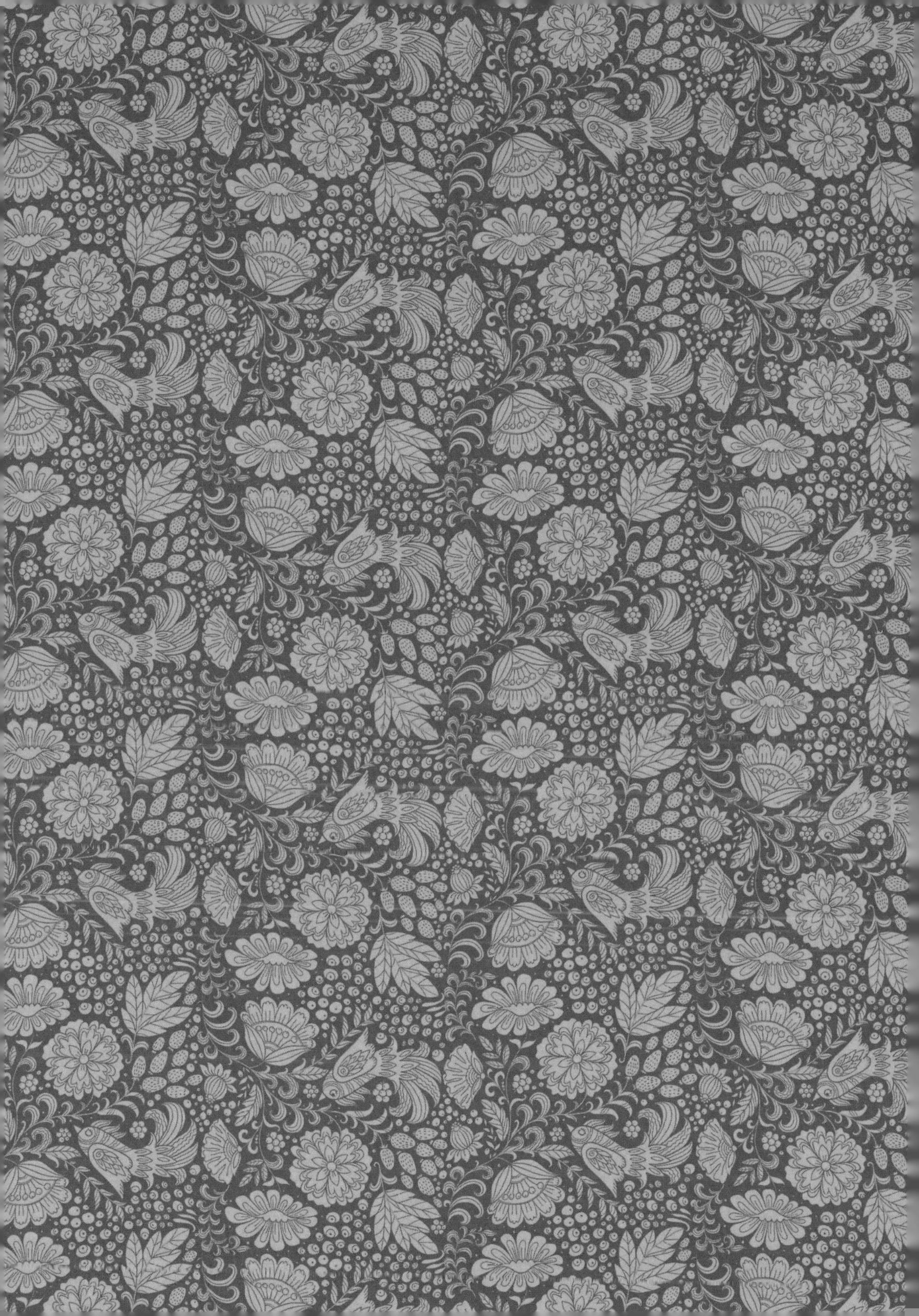

Partie 4

« Mais qu'est-ce qu'on fait là, nous ?
— Aucune idée.
— Tu crois qu'elle confond cocotte et chocotte ?
— Ou bien elle a illustré une coquille ? »

8 bonnes raisons d'avoir les chocottes

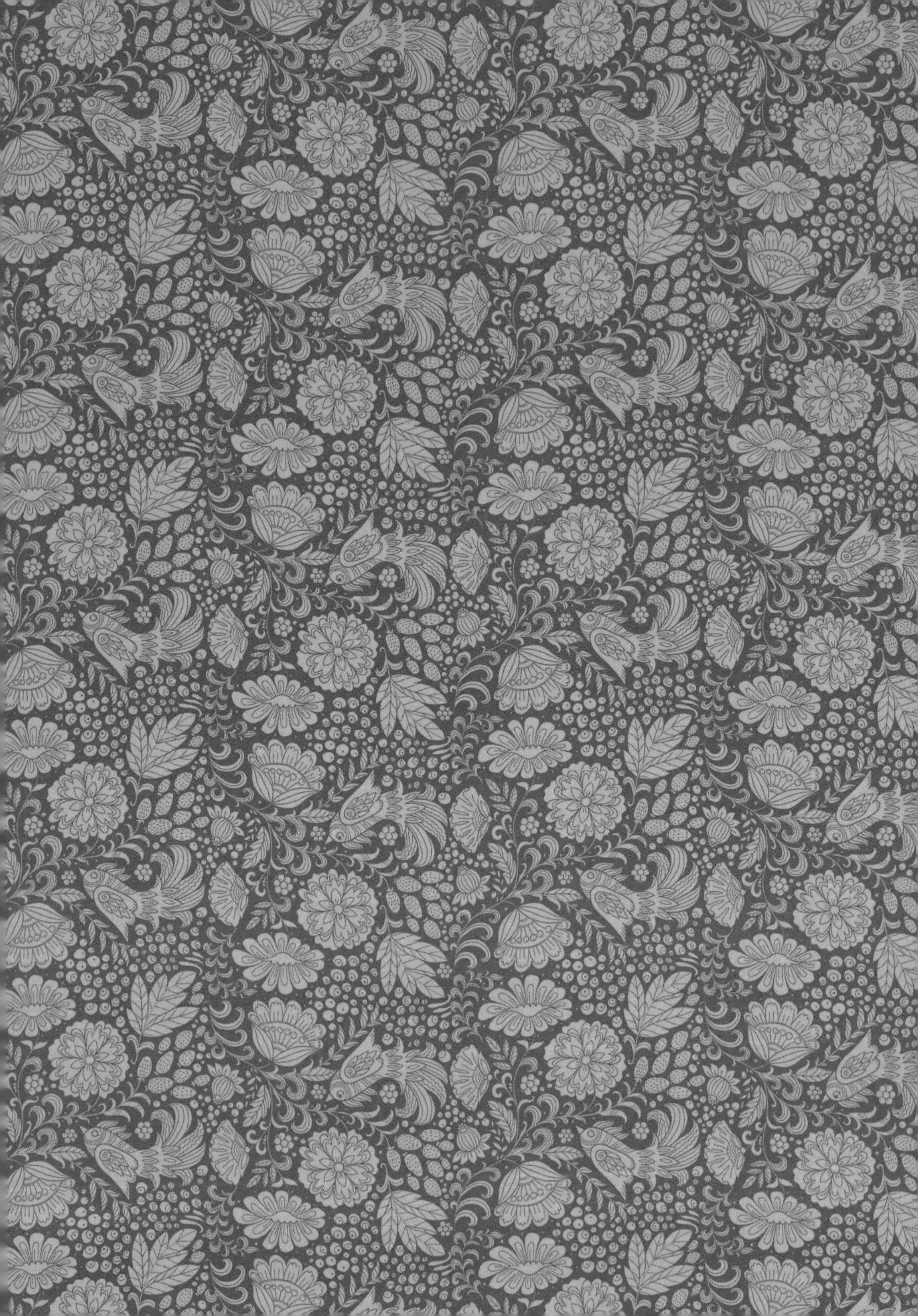

LA CITÉ DE LA PEUR

Décidément, Jean-Luc ne nous quitte plus. « Pour le côtoyer quotidiennement, je peux vous révéler qu'Alexandre a une drôle de manie : il compte tout et adore les statistiques. Étrange pour un type qui détestait les maths au collège. Suite à l'appel à témoins "spécial reconversion" lancé sur leurs réseaux sociaux en janvier 2020, le couple a reçu exactement 580 mails de partages d'expérience. Un mot est revenu dans 438 d'entre eux. Non, pas "frites", au grand dam d'Alexandre, mais "peur". Tiens, c'est l'heure du produit en croix interactif :

580 → 100

438 → ?

Et la bonne réponse est… 75,51 % ! Oui, 75,51 % des messages reçus contenaient le sentiment qui traverse la plupart d'entre nous lorsqu'il s'agit de reconversion : la peur, les pétoches, la frousse. »

Merci, Jean-Luc, on prend le relais.

« Allô, qui est à l'appareil ?
— Ton avenir professionnel. »

Cette statistique n'est pas anodine, et la personne qui déclare que non, elle n'a ressenti aucune appréhension – ou au moins quelques doutes – avant de sauter le pas vous baratine. Parmi les peurs, il y a celle qui paralyse, celle qui galvanise, celle qui fait réfléchir. Bon, il y a aussi celle qui fait qu'on s'enfile un pot de Nutella, mais on va oublier cet épisode. Commençons cette ultime partie par quelque chose d'aussi important qu'évident, comme dirait « le Doc » de Fun Radio (les moins de 30 ans ne peuvent pas comprendre) : « Non, ce n'est pas sale ! » Déculpabilisez un bon coup, comprenez ce qui vous effraie tant, verbalisez-le, il va falloir vivre avec et en faire un levier plutôt qu'un frein. LA PEUR : nous l'avons éprouvée avant de nous lancer et la côtoyons désormais quotidiennement, peu importe notre « succès » et le nombre de clients que nous accueillons.

À partir des échanges que nous avons eus, mais aussi de notre expérience, nous avons distingué « huit bonnes raisons d'avoir les chocottes avant de se reconvertir ». Comme toujours, il s'agit de pistes de réflexion sur votre situation car nous le rappelons : personne ne vous connaît mieux que vous. Nous vous invitons surtout à prendre du recul, à dédramatiser, à faire le point… puis il sera temps de voler de vos propres ailes, tel un joli papillon dans les champs, grâce au cahier d'exercices.

1) « *Money, money, money* »

ABBA c'est dommage (on vous laisse le temps de digérer cette blague vraiment vaseuse), mais oui, vous risquez de voir vos revenus diminuer si vous décidez de changer de trajectoire professionnelle. Oui, c'est une possibilité. Non, ce n'est pas (forcément) grave, et non, on ne vous l'apprend pas, *a priori*. Comme chaque situation est unique, vous n'aborderez pas cette réalité de la même façon si vous êtes célibataire ou en couple, avec ou sans enfants, habitué ou non à un certain train de vie. Vous vous souvenez de nos maîtres mots ? Sincérité et réalisme. Rendez-vous en page 146-147 du cahier d'exercices pour vous poser les bonnes questions sur ce sujet.

Le témoignage de **David**, 29 ans, nous a interpellés à plus d'un titre :

> « Je suis diplômé d'une des écoles de commerce les plus réputées – et les plus onéreuses – de France. J'ai débuté ma carrière dans le conseil aux entreprises, avec un salaire

très élevé qui m'a donné accès à un mode de vie inimaginable pour un fils d'enseignants. Mes parents étaient ravis car ils voyaient ma réussite comme un retour sur investissement (ils s'étaient littéralement sacrifiés pour financer une partie de mes études, et j'avais moi-même contracté un prêt). Lorsque je leur ai annoncé que je quittais tout à 27 ans pour devenir tapissier, j'ai surtout redouté une réaction du type "Tout ça pour ça !", comme si je les trahissais en changeant de voie. Par chance, ils se sont montrés compréhensifs et ont estimé que mon bagage scolaire me serait forcément utile dans ma nouvelle vie. Aujourd'hui, je gagne à peine 30 % de mon ancien revenu, mais je ne manque de rien. N'est-ce pas l'essentiel ? »

On ne peut pas répondre à la place de David. Son « essentiel » n'est pas le vôtre, ni le nôtre. D'où la nécessité – oui, on insiste LOUR-DE-MENT – de vous poser les bonnes questions. Nous avons vécu peu ou prou (Alexandre s'était promis de placer au moins une fois cette expression d'un autre siècle dans ce livre) la même situation : études de commerce et de design industriel coûteuses, crainte de la réaction de notre entourage lorsque nous lui avons annoncé que nous allions ouvrir un « poney-club » et la certitude que ce que nous avions appris lors de nos précédentes expériences aurait tôt ou tard une utilité.

Encore un peu de sincérité ? Comme nous l'avons expliqué en préambule, Alexandre est du genre anxieux. Pour tous les domaines, dont l'argent. Dans ce contexte, il a préféré être honnête avec lui-même et a choisi de se reconvertir en cumulant deux activités. Pour Marine, le choix a été tout autre : elle s'est lancée dans une nouvelle aventure. Cinq ans plus tard, nous gagnons moitié moins pour des semaines deux fois plus longues, mais nous avons trouvé notre équilibre et parvenons à nous verser des salaires tout à fait décents. Ce sujet n'étant pas un tabou pour nous, nous assumons également le fait que nous n'aurions pas tenu indéfiniment un tel rythme sans pouvoir en vivre convenablement (une notion relative, on vous l'accorde). Ce n'est pas le cas de tout le monde, et nous nous garderons bien de juger qui que ce soit. Chacun sa route, chacun son chemin. Passe le message à ton voisin.

2) Le regard des autres

Vaste sujet, et personne ne peut raisonnablement affirmer que le regard des autres, ça lui passe totalement au-dessus de la tête. Pourtant, dans votre processus de reconversion, il va falloir faire avec, ou plutôt sans. Partez d'un principe : quoi que vous fassiez dans la vie, peu importe le domaine (de vos goûts en matière de décoration à l'éducation de vos enfants, sans oublier vos choix amoureux et/ou professionnels), il y aura toujours quelqu'un pour vous expliquer que vous êtes en train de faire une énorme

boulette, qu'il s'y prendrait autrement, que ça ne marchera jamais ou que la fin du monde est proche, mes frères. Il faut absolument virer cette dernière catégorie de votre entourage. Deux éléments nous paraissent essentiels, ici : le lâcher-prise et accepter le fait de ne pas plaire à tout le monde (oui, ça revient aussi au lâcher-prise). Vous avez fait sept ans d'études et décidé subitement de devenir garagiste ? Oui, et alors ? Vous avez été chef d'entreprise pendant plusieurs années et souhaitez retrouver le confort (relatif) du salariat ? Oui, et alors ? Tous vos collègues s'éclatent dans leur boulot mais pas vous, et vous sentez qu'il est temps de passer à autre chose ? Oui, et alors ?
Plus facile à dire qu'à faire, c'est certain, et nous vous prions d'accepter par avance une certaine forme de naïveté, mais c'est votre vie, pas celle d'un autre. Si vous êtes en accord avec vous-même, que vous assumez vos choix, qu'ils ne font souffrir personne et qu'ils correspondent au sens que vous désirez donner à votre parcours professionnel, roulez jeunesse !

On peut dire en quelque sorte que l'on reconnaît ses vrais amis lorsqu'on leur annonce sa reconversion. Dans certains cas, vous risquez de faire un sacré tri.
Marine en a fait l'expérience :

> « Au-delà de l'inquiétude légitime de mes parents, j'ai pu ressentir du mépris de la part de mon entourage. Un mépris qui s'exprimait par deux lettres : "Ah…" Ce "ah" lorsque j'annonçais qu'après cinq ans d'études, je quittais un job confortable pour créer un salon de thé et que je comptais m'inscrire au CAP pâtisserie. Vu de l'extérieur, j'allais jouer à la dînette, servir quelques gâteaux et tenir une caisse. Une sorte de passe-temps, là où dans leur "logiciel interne", il y

avait tellement plus valorisant et rémunérateur à faire… Il faut une véritable force de caractère pour passer outre car l'expérience s'avère déstabilisante. Je croyais en mon projet et j'avais le soutien d'Alexandre. J'ai coupé de nombreux ponts et j'ai pu en parler librement avec certains amis ou collègues qui ne comprenaient pas mes décisions. Avec le recul, j'ai pu comprendre que le problème ne venait pas de moi : ils avaient l'impression que je remettais en cause leur propre carrière ou leur mode de vie, alors qu'il n'en était rien. J'ai juste emprunté une autre route. »

3) Et si je suis déçu ?

C'est un thème que nous avons déjà évoqué à plusieurs reprises dans ce livre : la nécessité d'éviter l'idéalisation, car non, l'herbe n'est pas toujours plus verte ailleurs. Comme disaient nos mamies : « On sait ce qu'on perd, on ne sait pas ce qu'on gagne. » Et c'est entièrement vrai. Vous allez quitter un emploi pour une nouvelle aventure, et rien ne garantit que vous ne regretterez pas votre choix dans quelques mois. Il y a néanmoins plusieurs façons d'aborder cette problématique.

La première, comme nous l'avons conseillé précédemment (on rabâche, pour ceux qui auraient fait une micro-sieste entre-temps), est de tester votre future activité, que ce soit par le biais d'un stage pendant votre temps libre, d'un bénévolat dans un cadre associatif ou d'une formation en interne dans votre entreprise. Vous aurez davantage de cartes en main et prendrez peut-être conscience que vous n'êtes pas si mal à votre place.

La seconde est davantage une opinion personnelle : si vous envisagez une reconversion, c'est sans doute que vous estimez avoir fait le tour de votre job actuel ou que votre vie professionnelle ne vous convient plus. À notre sens, c'est le signe qu'il est temps de changer. Mesurez ensuite les risques, en prenant en compte votre entourage, pesez le pour et le contre. Enfin, posez-vous la question suivante : ne serai-je pas plus déçu de n'avoir rien tenté, et d'en être toujours au même stade dans plusieurs années ?
Carole, 40 ans, en témoigne :

> « Après quinze ans en tant qu'agent administratif, j'ai démissionné pour lancer une activité de soin des ongles à domicile. Je le faisais depuis quelques années pour compléter mes revenus et je voyais la création d'entreprise comme un moyen de me sentir libre et maître de mon destin. Six mois plus tard, j'ai ressenti une forme de frustration : je passais trop de temps à régler des problèmes administratifs, les plages horaires étaient très larges pour un salaire à peine convenable et la solitude de la cheffe d'entreprise me pesait. J'ai fait le point et cette amertume n'avait aucun lien avec le métier, mais avec la forme choisie. J'ai clôturé ma société et j'ai postulé dans un cabinet d'esthétique qui a apprécié mon expérience et mon sens des responsabilités. Désormais salariée, j'ai trouvé l'équilibre dont j'avais besoin pour me sentir épanouie. »

4) Le changement, c'est maintenant !

On vous plaint. Un peu. Vous voulez du changement, mais il vous effraie. En gros, vous vous sentez comme la toupie dans *Inception*: vous tournez en rond. Ça a parfois du bon, la routine : c'est enveloppant, rassurant, on sait exactement de quoi demain sera fait… mais ça ne vous ressemble pas puisque vous avez acheté ce livre, n'est-ce pas ?
Vous vous ennuyez depuis un certain temps dans votre job, et votre reconversion est à la fois la solution et le problème. Respirez un bon coup, tout va bien se passer ! Il est parfaitement normal que ce grand saut vers l'inconnu s'accompagne d'une bonne dose d'appréhension. En réalité, tout va se jouer sur la forme que prendra votre nouvelle vie. Une bonne idée peut être de faire le point sur votre situation en listant sur une feuille (ou en tatouant le dos de la personne qui partage votre vie, si vous êtes nostalgique de *Prison Break*) ce qui vous paralyse lorsque vous pensez à votre avenir professionnel. Tous les psys sérieux vous le diront : avoir conscience de ses propres craintes, mais aussi de ses propres limites, est un vrai premier pas. Pour caricaturer à l'extrême, ne vous lancez pas dans la création d'entreprise si vous estimez avoir besoin de revenus constants, de cinq semaines de

congés payés par an et de week-ends bien délimités. N'imaginez pas devenir épanoui en restant salarié si la simple idée d'avoir un supérieur hiérarchique, des horaires fixes et des collègues de bureau vous file un ulcère. Vous avez besoin de changement, à vous de faire en sorte qu'il corresponde le plus à vos aspirations, mais aussi à la réalité du terrain.
Tiens en parlant de réalité, **Justine**, 36 ans, livre sa vision du sujet :

> « À 30 ans, l'arrivée de mon premier enfant s'est accompagnée d'une remise en question profonde de ma façon de gagner ma vie. En parallèle d'un poste confortable dans le secteur bancaire, j'étais déjà bénévole le week-end dans une association d'aide aux plus défavorisés, mais j'avais envie d'aller plus loin. Faire de mes convictions profondes un métier me semblait être une solution idéale, et j'ai mis peu de temps à trouver un poste de "moutons à cinq pattes" dans une ONG. Je ne me souviens pas d'être tombée de si haut, et si rapidement, dans ma vie. L'envers du décor ne m'a pas du tout convenu : hiérarchie pyramidale, objectifs difficiles à atteindre, pression constante et une certaine opacité au quotidien. J'avais sans doute idéalisé le job mais j'ai dû me rendre à l'évidence : j'étais dans une entreprise comme les autres. Par chance, cela ne m'a pas découragée et m'a donné envie de créer ma propre structure : une association de réinsertion pour les "décrocheurs scolaires" grâce à la cuisine. Je travaille beaucoup, il y a des hauts et des bas, mais je suis fière de ce que j'accomplis. Mon bilan ? Il faut devenir acteur de son propre changement et se faire confiance. »

5) La réaction de l'entourage proche

Cette fois-ci, il est question de votre propre famille : la personne qui partage votre vie, vos enfants, et même parfois vos parents. Votre chien aussi, mais sachez qu'il se fout royalement de vos choix, tant que vous maintenez le bon rythme de grattouilles, croquettes et sorties. C'est bien simple : ils auront eux aussi un avis (pas nécessairement le même, d'ailleurs) et seront impactés, de près ou de loin, par votre nouvelle vie.

Et c'est à cet instant que nous sortons de nouveau notre outil magique : le dialogue, accompagné d'une forme de réalisme. Vos décisions ne seront pas les mêmes si votre conjoint a déjà un job stable, si votre petite tribu compte uniquement sur vous pour faire tourner la boutique, ou si votre progéniture est déjà indépendante. Parlez-en librement, posez le sujet à plat en n'oubliant aucune thématique. Votre moitié se sent-elle prête à vous voir moins souvent si vous vous mettez subitement à travailler le week-end ? Serez-vous en mesure d'assurer le quotidien de votre foyer si votre activité ne décolle pas aussi rapidement que prévu ? Le stress et l'incertitude, que vous vivrez sans doute, peuvent-ils contaminer vos proches, et seront-ils capables d'y résister ? Qui a véritablement volé l'orange du marchand ?
Cela signifie-t-il qu'il faudrait s'imposer une forme d'auto-censure en fonction de sa situation familiale ? Le changement de poste ou la création d'entreprise ne s'adressent-ils qu'aux célibataires ou aux familles d'héritiers ? Pas le moins du monde, mais un reconverti averti en vaut deux, et mieux vaut prévenir que guérir, comme dirait le type qui dévore chaque soir *Le Dictionnaire des citations qui gonflent tout le monde.*

Enfin, pour ce qui est de vos parents, rassurez-vous : *a priori*, ils se sont fait une raison depuis un bon moment, et tant pis si tout ne s'est pas passé comme ils l'avaient prévu. Quelles que soient les décisions que vous prendrez, et peu importe votre âge, ils se montreront inquiets car c'est le propre des papas et des mamans, n'est-ce pas ?

Voici ce que **Marine** a vécu lorsqu'elle a annoncé à ses géniteurs (qu'on embrasse) qu'elle allait tout quitter pour créer un « poney-club » :

> « J'ai eu de la chance car mon projet a été accueilli avec beaucoup de bienveillance. Mes parents n'ont pas essayé de me décourager ou de me freiner dans mes envies, d'autant plus que ma maman avait déjà eu dix vies avant d'ouvrir son agence immobilière. Sa seule inquiétude concernait notre couple : "Ça fait deux ans que vous êtes ensemble avec Alexandre, tout va bien, vous allez tout foutre en l'air !" disait-elle avec une certaine gravité. Mon papa était davantage anxieux, par nature, mais il a été le premier à prêter main-forte pendant les travaux. Il est resté inquiet plusieurs années après l'ouverture car, comme dirait Alexandre, "tout peut s'écrouler du jour au lendemain"… »

Pour **Justine**, 28 ans, l'acceptation a été plus longue :

> « J'ai toujours travaillé pour un patron en tant qu'assistante. Ce n'était pas mal pour quelqu'un qui n'avait que le bac (j'ai été maman relativement jeune). Je m'entendais me plaindre, comme ma mère, de mon patron, de mes collègues et de mon job. J'ai craqué pendant mon

deuxième congé maternité. J'étais jeune, j'avais la vie devant moi, c'était maintenant ou jamais pour me concentrer sur mon projet. Dans ma famille où la sécurité de l'emploi rime avec "Bosse et tais-toi", ma décision n'a pas fait l'unanimité. Je me suis ravisée et j'ai préféré changer d'entreprise, toujours en CDI. "Pense à ton crédit maison, pense à ta famille." Oui, maman ; d'accord, maman. En 2000, nouveau bébé, nouvelle envie de tenter l'aventure. Cette fois-ci, mon conjoint me soutient à 100 %, et je me lance. Mais dans quoi ? Dans ce qui me fait vibrer : le tricot. C'est bien simple : je tricote tout le temps, du matin au soir, dans la voiture, dans l'avion, sur la plage. À moi la folle aventure de créatrice de vêtements et accessoires pour enfants. La concurrence est rude, je fais face à des industriels capables de proposer des prix scandaleusement bas, mais je m'accroche et utilise les outils 2.0 pour me faire connaître. J'ai signé une rupture conventionnelle, j'ai tout plaqué, je ne compte pas mes heures et je ferai tout pour faire de ma passion une activité viable. Dans tous les cas, j'aurai écouté ma petite voix intérieure. »

6) Échec et mat

Vous l'aurez compris si vous nous lisez avec attention depuis le début : nous avons une sainte horreur des phrases toutes faites, des mantras qui résumeraient des pans entiers de la vie, sans nuance ni possibilité de débattre. Il y en a un qui nous agace particulièrement : « Ce qui ne tue pas rend plus fort. » C'est ce qu'on vous répond parfois quand vous expliquez que vous craignez de vous planter en vous reconvertissant. « T'inquiète, coco, tu apprendras de tes erreurs et tu rebondiras quoi qu'il arrive. » On répète : N.U.A.N.C.E.

Allez dire ça à une personne qui a lancé sa boîte, s'est crashée au bout de quelques mois, a perdu toutes ses économies et l'amour de sa vie qui n'a pas supporté la situation. Bon, d'accord, ça fait beaucoup pour un seul homme, et ce n'est pas très gai, mais ça peut arriver.

Oui, au même titre que la déception, la perte financière, le retournement de veste de vos amis, l'échec peut faire partie de votre reconversion. Mais qu'êtes-vous vraiment prêts à accepter et à vivre ? On aime raconter l'histoire de Steve Jobs, de Michael Jordan ou de stars de cinéma qui ont essuyé revers sur revers avant d'être au sommet : c'est bien, mais on peut vous en raconter des centaines d'anonymes qui ne s'en sont jamais remis. Non, on ne veut en aucun cas vous démoraliser, mais on souhaite vraiment vous laisser le temps d'appréhender au mieux votre propre rapport à l'échec. Si l'idée en elle-même vous paralyse, songez peut-être davantage à une évolution de poste au sein de votre société. Une formation solide devrait suffire. Si elle vous effraie (et c'est normal) mais que vous souhaitez malgré tout vivre de nouvelles aventures sans risquer de rompre l'équilibre familial, il est peut-être temps d'envisager un tout nouveau métier, mais en tant que salarié. En revanche, si vous savez en faire un moteur et avez le cœur bien accroché, la création d'entreprise peut vous convenir.

On imagine certains d'entre vous froncer les sourcils (ou un seul, si vous vous appelez Emmanuel Chain) : « Ils ont dit que la vie n'entrait pas dans un moule, et ils sont en train de nous expliquer que si ! Remboursez les invitations ! » Soyez rassuré, on ne vous incitera jamais à rester raisonnable (sinon, nous ne serions pas là), mais, comme toujours, à réfléchir, à être sincère avec vous-même et à prendre un maximum de hauteur sur votre situation. Le cahier d'exercices devrait vous y aider.

7) *Start from scratch*[1]

Peu importe la forme qu'elle prendra, votre reconversion est véritablement un nouveau chapitre de votre existence. Parmi tous les témoignages que nous avons reçus, beaucoup ont soulevé une même crainte : celle de devoir tout recommencer et/ou démarrer au bas de l'échelle. En réalité, cette appréhension en mêle plusieurs déjà évoquées : le regard des autres (« que va-t-on penser de moi si je n'affiche pas le même statut social qu'auparavant ? »), la peur du changement (la plupart de vos repères risquent d'être bouleversés) et celle d'un train de vie à la baisse. On imagine qu'une telle situation est plus facile à vivre à 25 ans qu'à 50, et qu'on l'appréhende beaucoup mieux si l'on choisit sa reconversion au lieu de la subir (licenciement, maladie, etc.). On vous rassure tout de suite : on ne repart jamais de zéro puisque chacun d'entre nous est en quelque sorte la somme de ses expériences passées, de ses rencontres, de ses victoires, de ses apprentissages et de ses plantages (oui, nous avons suivi l'option bouddhisme au lycée). Comme de nombreux blocages, tout se joue dans la tête, et votre première mission, si vous l'acceptez, sera de faire sauter les verrous qui vous empêchent d'aller de l'avant. Comment ? Tout d'abord, en faisant le point sur votre propre situation grâce au cahier d'exercices. Ensuite, en vous souvenant qu'il n'y a rien de plus exaltant que de ressentir le doux frisson de la nouveauté (ne nous demandez pas où l'on trouve ce genre de formulation, ça vient comme ça ; ça s'appelle le talent). Sérieusement, qui a envie de vivre la même journée

---

1. Du latin *Fromthescratchus*, qui signifie « repartir de zéro ». À ne pas confondre avec « Jenny from the Block ».

jusqu'à ce que la mort nous sépare ? Pas vous, vous n'êtes pas ce type de personne. Enfin, en lisant ce témoignage de **Mathilde**, 38 ans. Ça parle de barrière mentale :

> « Un matin, j'ai décidé de quitter mon poste de manageuse d'une équipe de 30 personnes dans l'industrie pour me tourner vers une formation de cuisine. Rythme, horaires, méthodes, hiérarchie : j'avais l'impression de devoir tout apprendre et je ne me sentais pas à la hauteur. Je me suis accrochée jusqu'au bout, et après plusieurs stages et trois années dans divers établissements, j'ai été recrutée comme chef dans un restaurant semi-gastronomique. J'étais l'unique femme à la tête d'une équipe de six cuisiniers et j'avais une nouvelle fois le sentiment de tout devoir recommencer. J'en ai parlé à mon patron, très compréhensif, qui m'a répondu en souriant : "Si je vous ai embauchée, c'est que je vous estime capable…, et il me semble que vous dirigiez déjà une équipe principalement composée d'hommes dans votre ancienne vie, non ?" Cette discussion a joué le rôle de déclic, et j'ai utilisé ce que j'avais appris précédemment pour me faire respecter et avancer. Depuis, j'ai ouvert mon propre restaurant dans le Calvados : mon passé dans l'industrie (pour monter un projet ou parler chiffres) m'a été aussi utile que ma maîtrise des fourneaux. »

8) Le syndrome de l'imposteur

« Et si je ne suis pas à la hauteur ? » Sachez-le : même Mimie Mathy s'est posé cette épineuse question une fois dans sa vie (oui, nous assumons toutes nos vannes et nous rassurons les associations de défense de tous les sujets : nous plaisantons sur tous les sujets). Si vous décidez d'opérer un virage à 180 degrés dans votre carrière professionnelle, il y a des chances pour que vous soyez confronté tôt ou tard à ce problème. Des chercheurs (qui parfois trouvent) ont appelé ce phénomène « le syndrome de l'imposteur ». Et vous savez quoi ? C'est certainement la meilleure chose qui puisse vous arriver dans le cadre d'une reconversion. Être pétri de certitudes avant de se lancer dans une nouvelle vie, penser que le monde vous attend et que vous ne risquez absolument rien est à nos yeux LA recette pour se planter.

Attention, on ne vous demande pas de vous auto-flageller (à ne pas confondre avec « auto-flageolets » qui consiste à manger un cassoulet dans sa voiture), mais de ne pas débarquer en terrain conquis, peu importe le choix que vous ferez. Observez, écoutez, apprenez, faites des erreurs, apprenez encore, restez humble, apprenez toujours et faites-vous confiance. Et – y avait longtemps… – soyez sincère : si vous estimez que non, vous n'avez vraiment pas le niveau pour ce nouveau job qui vous fait rêver, sans doute n'est-ce pas le bon moment. Prenez le temps de construire votre projet, suivez des formations (cours du soir, en ligne, etc.), assistez à des conférences, échangez avec des professionnels, et le jour où vous vous sentirez prêt, faites comme Jean : allez-y[1] !

---

1. Oui, nous avons bouffé un clown le jour où nous avons rédigé ce paragraphe.

Et vous savez quoi ? Nous avons nous-mêmes vécu cette situation. Par deux fois. On vous raconte ? Bon, puisque vous insistez : lancer un salon de thé à deux, sans aucune expérience ni connaissance du monde particulier de la restauration, est une décision pour le moins casse-gueule. Lorsque vous vivez un démarrage sur les chapeaux de roues, puis une croissance qui ne faiblit jamais, vous pouvez être amené à vous demander si vous méritez vraiment tout ce succès. Nous avons mis plusieurs mois à admettre que tout cela était bel et bien le fruit de notre travail et de nos sacrifices. Le second épisode s'est déroulé quelques années plus tard – en juillet 2019 pour être précis –, quand on nous a proposé d'écrire un livre sur la reconversion. Il nous a fallu des semaines pour accepter l'idée que si un éditeur nous avait fait une si jolie proposition, c'est qu'il nous pensait à la hauteur. Le cherche midi a bien fait d'insister. Sinon, vous n'auriez jamais tenu ce bouquin entre vos mains. Oui, un livre qui parle du livre dans le livre : *Inception*, mon pote !

Voilà, il est temps de nous dire au revoir mais pas totalement puisqu'on vous laisse avec le cahier d'exercices. Et comme dirait Kaa dans *Le Livre de la jungle* : « Aie confiance ! »

9) Et l'avenir ?

Vous voulez la vérité ? Cette neuvième raison n'aurait jamais dû exister. Notre plan initial s'arrêtait bien à la huitième raison d'avoir les chocottes, et c'était déjà pas mal, estimait-on. Sauf qu'il y a eu ce jour où tout a basculé : le 16 mars 2020. Celui où Emmanuel Macron a placé notre pays en confinement total, en pleine crise du coronavirus. Que vous lisiez ce livre en 2020, ou

trente ans plus tard, nul doute que l'on se souviendra tous collectivement de cette journée (et de celles d'après).
Vous voulez *vraiment* la vérité ? À l'heure où nous rédigeons ces lignes, nous n'avons aucune idée de quoi demain sera fait. Tout semblait sur de jolis rails : notre salon de thé tournait du feu de Dieu, nous nous autorisions enfin à prendre de vrais week-ends grâce à une équipe en or et une organisation que nous avions mis cinq années à peaufiner, puis patatras, la fermeture administrative est tombée sur les commerces non essentiels. Pour la première fois depuis longtemps, nous avons eu peur pour notre avenir, celui de notre entreprise, celui de notre pays. Les jours se sont suivis et se sont ressemblés jusqu'au moment où nous nous sommes souvenus que nous avions toujours su nous adapter et rebondir, contre vents et marées. Peut-être que cette période si trouble aura donné lieu à un nouveau défi professionnel… Et pourquoi pas un cabinet d'accompagnement à la reconversion ?

Et si d'aventure nous ressentons une forme de peur, nous n'hésiterons pas à appliquer nos propres conseils. Car non, on n'est jamais si bien servi que par soi-même.

100 BONNES RAISONS DE VOUS RECONVERTIR

1. On a qu'une vie. **2.** Ce patron, c'est juste plus possible. **3.** Pour rentabiliser l'achat de ce bouquin. **4.** Pour ne plus aller au boulot en traînant les pieds. **5.** Pour travailler moins/autrement/mieux. **6.** C'est bon pour votre santé mentale. **7.** Sérieusement, qui a envie de faire le même taf toute sa vie ? **8.** Et pourquoi pas ? **9.** Vous avez envie de changements. **10.** Non, mais vous avez vu cet open space à la con ? **11.** Il vaut mieux avoir des regrets que des remords. Ou l'inverse, on ne sait plus. **12.** Vous vous êtes fait virer et faut bien manger. **13.** Vous faites votre crise de la quarantaine à 32 ans. **14.** Pour emmerder vos parents, ou leur faire enfin plaisir. **15.** La mer Noire. **16.** Si j'aurais su, j'aurais pas venu. **17.** Pour devenir millionnaire. **18.** La réponse 18. **19.** Si elle/il a réussi, pourquoi pas moi ? **20.** Votre collègue a mauvaise haleine. **21.** Pour se réaliser, enfin. **22.** *You're talking to me?* **23.** Parce que vous avez envie de vibrer. Oui, vous êtes comme ça. **24.** Pour arrêter de rêver sa vie, mais vivre ses rêves. **25.** Pour être en phase avec vos valeurs. **26.** Votre horoscope vous a dit de le faire. **27.** Pour pouvoir dire « C'est qui l'patron ? » ou « Au revoir, président ! » **28.** La réunionite aiguë va vous rendre marteau. **29.** Pour sortir de votre zone de confort. **30.** À force de vouloir rentrer dans un moule, on finit par devenir tarte. **31.** Pour pouvoir bosser en sous-vêtements chez vous, peinard. **32.** Il n'est jamais trop tard pour devenir ce que l'on aurait dû être. **33.** Je rêvais d'un autre monde... **34.** Pour se dire « Ça, c'est fait ! » **35.** Pour ne plus prendre le métro à l'heure de pointe. **36.** Pour ne plus faire semblant de rire aux blagues de votre boss. **37.** Le Xanax, ce n'est pas pour vous. **38.** Pour écouter la petite voix qui vous dit de le faire depuis tant d'années. **39.** On ne peut pas tromper 1 000 fois une personne. Non, on peut tromper une fois 1 000 personnes. Non... **40.** Les 35 heures, vous voulez les faire en trois jours. Vous êtes comme ça. **41.** Les chèvres du Larzac ne vont pas s'élever toutes seules. **42.** La réponse universelle. **43.** Il n'y a que les imbéciles qui ne changent pas d'avis. **44.** Pour chanter « Libérée, délivrée » avant de quitter vos collègues de l'open space. **45.** Pour créer des emplois et relancer l'économie de votre pays. Oui, vous êtes comme ça. **46.** Ça fait classe CEO ou BOSS sur un profil Tinder ou Meetic. **47.** La retraite, c'est encore loin. Très loin. **48.** Un CV d'une page, c'est *so* 2019. **49.** Pour vous prouver que vous en êtes capable. **50.** Parce que vous le valez bien. **51.** Sur un malentendu, ça peut passer. **52.** Pour se réveiller avec le sourire. **53.** Pour travailler avec d'autres passionnés. **54.** Une raison ? Quelle raison ? Vous faites les choses sur un coup de tête ou un coup de cœur ! **55.** Il en faut peu pour être heureux. **56.** Pour enfin réaliser votre rêve de gosse. **57.** Votre chaise de bureau a pris la forme de vos fesses. Ça craint. **58.** *Yes, you can!* **59.** Impossible n'est pas français. **60.** Votre mutuelle ne couvre plus vos séances de psy. **61.** Vous avez perdu un pari. **62.** Il est vraiment temps de penser à vous. **63.** Vous avez foiré le casting de « The Voice » et « Top Chef ». **64.** Pour vous sentir utile. **65.** Pour devenir un bon exemple pour vos enfants. **66.** La cantine du boulot est franchement dégueulasse. **67.** Vous ne voulez pas finir comme ce voisin de bureau. **68.** 100 % des gagnants ont tenté leur chance. **69.** Pour épater belle-maman. **70.** Pour pouvoir écrire un livre super cool, super drôle et vraiment passionnant sur votre reconversion. **71.** Bordel, encore 29 raisons. Tu parles d'une idée à la con. **72.** Parce que tout ne s'est pas passé comme prévu. **73.** Kamoulox ! **75.** La vie est un éternel recommencement. **76.** Vous pouvez répéter la question ? **77.** Le confinement de 2020 vous a rendu sauvage. **78.** Pour avoir une carte étudiant à 40 ans. **79.** Les folies sont les seules choses qu'on ne regrette jamais. C'est Jean-Luc qui l'a dit. **80.** Si vous ne le faites pas, qui le fera ? **81.** Pour pouvoir dire « merde » à votre banquier quand vous aurez cassé la baraque. **82.** Il vaut mieux choisir que subir. **83.** On n'est jamais si bien servi que par soi-même, mais on vous l'a déjà dit 1 000 fois. **84.** Il est difficile d'en vouloir à son patron si vous êtes votre propre patron. **85.** La moquette du bureau ne s'accorde pas avec la couleur de vos nouvelles chaussures. **86.** Pour vous la péter à la réunion des anciens de votre collège. **87.** Il faut travailler pour vivre, pas vivre pour travailler. **88.** Ils vous ont trop dit que c'était impossible. **89.** Il n'y a pas que le pognon dans la vie. **90.** C'est quand le bonheur ? **91.** Pour aller au bureau en licorne si ça vous chante. **92.** Parce qu'être fier de soi est vraiment un sentiment agréable. **93.** Pour arrêter de dire « Comme un lundi » lorsqu'on vous demande comment ça va. **94.** Pour pouvoir bosser avec votre chien. Ou votre chat. Ou votre cochon d'Inde. **95.** Parfois, l'herbe est quand même plus verte ailleurs. **96.** Pour arrêter d'avoir la boule au ventre le dimanche soir. **97.** « *Ars longa, vita brevis.* » On ne sait pas ce que ça veut dire, mais ça fait toujours classe, une citation latine. **98.** Pour ne plus jamais entendre ASAP ou *conf call*. **99.** Pour faire le pot de départ le plus mortel de l'histoire des pots de départ. **100.** T'avais grillé qu'il manquait la raison 74 ?

Le Cahier d'exercices de votre reconversion

(inclus : La méthode Cookies)

MENU

Assez parlé (et lu), place au concret. Armez-vous de votre plus joli stylo (à paillettes ou non), d'un cerval 100 % disponible (un cerval, des cerveaux, on le répète) et de temps rien que pour vous. Ce cahier d'exercices est tiré d'une méthode que Marine a apprise durant ses études en design industriel. Son but ? Mener un projet de A à Z en n'omettant aucun détail. Elle l'a appliquée lors de sa propre reconversion en créant L'Impertinente et l'a agrémentée ici de quelques thématiques qui lui auraient été utiles à l'époque. Remplissez ce cahier à votre rythme et avec sincérité pour répondre à *THE* question : quand, comment et sous quelle forme allez-vous vous reconvertir ? Car oui, vous allez vous reconvertir. Mais on vous l'a déjà dit. La direction assume toute responsabilité en cas de virage à 180 degrés.

1. On fait le point

Où vous apprendrez à être honnête avec vous-même et à mieux vous connaître. À faire des listes aussi (moins formelles mais plus utiles et concrètes qu'un CV) : de vos envies, de vos passions, de vos ras-le-bol, de vos manques, de vos forces, de vos besoins, de vos lingots d'or, de vos peurs, de vos limites... Ça va vous chatouiller, vous bousculer, vous exalter, et on l'espère vous aider. Mais pas de panique, vous ne serez pas seul dans cette aventure : vous pourrez compter sur Jean-Jacques (Goldman), Astérix, Johnny (Hallyday), Harry Potter, Churchill (l'homme politique ET le teckel), les chevaliers de Kaamelott, *mais aussi... une chèvre. Et puis, à la clé, vous aurez le droit à la recette du chocolat chaud de la-mort-qui-tue et à celle des cookies parfaits. Oui, vous apprendrez également que c'est important de prendre du temps pour vous (et votre reconversion).*

2. On avance

Où vous apprendrez, une fois que vous serez sûr et certain de vouloir changer de métier, à apprivoiser une liste (non exhaustive) d'acronymes chelous, à lire la bible du travail, à rédiger à nouveau une dissertation (ou presque), à faire un stage (qui sait, vous endosserez peut-être le rôle du beau stagiaire du deuxième étage – vous comprendrez plus tard), à répondre à un questionnaire (non, pas celui qui vous permettra de savoir si vous avez vraiment oublié votre ex ou non). Bref, à réveiller en vous l'enfant et l'adolescent qui ont soif de connaissance – non, faut pas pousser non plus !

3. On s'organise

Où vous apprendrez à jauger vos compétences grâce à un teckel, à retourner à l'école mais avec envie (Johnny vous aidera à vous redonner l'envie d'avoir envie) et à faire un test de compétition pour savoir qui vous êtes vraiment (mais genre vraiment).

Allez, c'est reparti mon kiki !

ON FAIT LE POINT

Pour que vous vous construisiez un avenir
à votre image et à la hauteur de vos attentes,
il est indispensable de bien vous connaître.
(Toi-même tu sais, Socrate.) Et c'est l'objectif de
cette première partie : vous aider à faire le bilan
de vous-même. (Oui, tout un programme…)

Ma situation actuelle : ce qui me plaît dans mon travail

« C'est quand que tu vas mettre des paillettes dans ma vie, Kevin ?! »
Inès Reg

À moins que votre futur patron ne s'appelle miraculeusement Kevin, vous n'allez pouvoir compter que sur vous-même pour faire briller votre vie professionnelle.
Ici, prenez le temps de faire le point sur ce qui vous enthousiasme, vous rend heureux, vous fait vibrer dans votre job. Il y a forcément quelque chose. (Le beau stagiaire du deuxième étage n'est pas une réponse valable.)

- ______________________
- ______________________
- ______________________

La passion comme moteur

« J'irai au bout de mes rêves
Où la raison s'achève
Tout au bout de mes rêves[1] »
Jean-Jacques Goldman

Savez-vous pourquoi Jean-Jacques Goldman a été élu à dix reprises personnalité préférée des Français ? Grâce à son brushing ? Sans doute, mais surtout parce qu'il parle de *nous* (enfin pas de nous, les Impertinents, mais de *toi + moi + tous ceux qui le veulent*[2]) dans ses chansons.
Et si on suivait ses conseils ? Essayez d'imaginer le travail de vos rêves. Oubliez votre côté raisonnable un instant et allez au bout de vos fantasmes. Ce job qui vous donne des papillons dans le ventre (carrément) ne correspondra peut-être pas à votre projet de carrière, mais vous pourrez toujours vous inspirer de ce dernier pour construire votre reconversion. N'arrêtez jamais de rêver. Merci JJG.

1. Jean-Jacques Goldman, « J'irai au bout de mes rêves », *Jean-Jacques Goldman (Minoritaire)*, 1982 ; paroles de Jean-Jacques Goldman © Universal Music Publishing.

2. Ça, ce n'est pas Jean-Jacques, mais Grégoire.

Ce qui ne me convient plus

« Changement de bouc met la chèvre en chaleur. »

Nous sommes à 100 % d'accord avec vous : il s'agit probablement du pire proverbe de l'histoire du proverbe.

Si vous envisagez la reconversion, ce n'est pas nécessairement parce que votre poste actuel ne vous plaît plus du tout, mais parce qu'il y a un ou dix détails qui coincent. Il est important d'identifier les aspects que vous souhaiteriez voir disparaître dans votre future activité. Respirez un grand coup et ne négligez aucune thématique : ce peut être le trajet depuis votre logement, la taille de l'entreprise, la tronche de votre N + 1, les horaires… Il n'y a pas de bonne ou de mauvaise réponse, personne ne vous jugera.

Mes manques

« Qu'on me donne la haine pour que j'aime l'amour
La solitude aussi pour que j'aime les gens[1] »
Johnny Hallyday

Qu'est-ce qui vous manque pour être heureux au boulot, au fond ?
Qu'elles soient matérielles, idéologiques ou même métaphysiques, ces raisons sont autant de petites frustrations qui vous rongent au quotidien. « ***Ah, que…*** vous en avez marre… » Réfléchissez-y posément et énumérez-les ici.
Êtes-vous à la recherche d'un job plus stimulant ? Plus serein ? Plus rémunérateur ? Plus porteur de sens ? Posez-vous toutes ces questions en suivant un procédé révolutionnaire : la méthode *Ah que* cookies.

1. Johnny Hallyday, « L'envie », *Gang*, 1986 ; paroles de Jean-Jacques Goldman © Jean-Jacques Goldman éditions.

LA MÉTHODE COOKIES

Revoilà Jean-Luc qui vient nous raconter, tel le père Fouras, l'histoire et les origines de cette méthode révolutionnaire.

Avant l'ouverture du salon de thé, Marine s'entraînait à la confection de cookies (bah ouais, qu'est-ce que vous croyez ?!), et elle avait pris l'habitude de s'asseoir devant son four pour surveiller la cuisson (ô combien délicate) de ces petites merveilles à grosses pépites. Il lui a fallu une bonne dizaine de fournées pour réussir LE cookie de ses rêves, croustillant dehors et fondant à cœur. (On vous voit saliver.) Cette observation minutieuse de la pâte, pendant de longues minutes, lui permettait alors de mettre de côté ses préoccupations, ses interrogations, ses angoisses et ses craintes de jeune créatrice d'entreprise en reconversion et de prendre du recul. Aujourd'hui encore, lorsqu'elle se sent perdue, il lui arrive de mettre en application cette technique aussi gourmande qu'instructive. (À la revoyure, Jean-Luc !)

Et puisque Marine est encore plus sympa que Jean-Luc, elle vous confie les secrets de sa méthode. Si, après l'avoir mise en pratique, vos réflexions n'ont pas évolué (non, vous ne serez pas remboursé), vous aurez au moins la satisfaction de grignoter un bon cookie à la sortie du four.

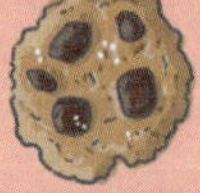

Étape 1
La réflexion

Prenez votre minuteur, réglez-le sur 3 minutes et lancez le compte à rebours.
Un sujet vous préoccupe tout particulièrement ? Vous vous posez mille questions ? Alors portez toute votre attention dessus et concentrez-vous durant ce laps de temps. Et, si vous en avez envie, notez-les ici.

C'est terminé ?
Arrêtez d'y penser et passez à l'étape suivante.

Étape 2
La confection des cookies

Focalisez-vous uniquement sur la réalisation de la recette, en suivant minutieusement les étapes ci-dessous.

- Préparer tous les ingrédients sur le plan de travail.
  250 g de beurre légèrement ramolli (surtout pas fondu !)
  125 g de sucre blanc
  125 g de sucre roux ou de cassonade
  2 œufs
  350 g de farine
  300 g de chocolat noir pâtissier
  1 cuillère à café de levure chimique
  de la fleur de sel

- Préchauffer le four à 180 °C, en mode chaleur tournante.

- Couper grossièrement le beurre, puis le mélanger avec les deux sucres jusqu'à ce que soit homogène.

- Ajouter les œufs, et bien mélanger le tout.

- Incorporer brièvement la farine et la levure (il ne faut plus trop tripoter la pâte).

- Couper le chocolat pâtissier en pépites de tailles inégales, sans hésiter à laisser de (très) gros morceaux – ce sera encore meilleur.
  (Croyez-moi, la taille, ça compte.)

- Joindre les pépites au mélange, puis amalgamer le tout rapidement. Moins la pâte sera travaillée, plus les biscuits garderont leur volume à la cuisson.

- Recouvrir une plaque (et non une grille) de papier cuisson. (Ça, c'était facile.)

- Faire des tas de pâte de la taille et de la forme d'un gros œuf. (On a bien dit *des tas* de la forme d'un œuf, pas de boules, ni des galettes, mais bien *des tas*: hauts et fiers!) Attention à bien les espacer sur la plaque, quitte à cuire les cookies en deux fois – sans quoi vous risqueriez d'obtenir un cookie géant tout ramollo à cœur et brûlé sur les côtés.

- Le petit plus super important: la fleur de sel. Saupoudrer une bonne pincée sur chaque tas; ça change tout!

- Et c'est parti pour l'étape la plus importante de la recette: la cuisson.

Étape 3
La cuisson et l'observation

Si vous êtes arrivé jusqu'ici, c'est que vous n'avez pas boulotté toute la pâte à cookie crue, et c'est déjà une première réussite. Félicitations !

Avant d'enfourner vos merveilles, recommencez l'étape 1.

Maintenant que vous avez à nouveau fait le vide dans votre esprit, déposez la plaque à mi-hauteur dans votre four, fermez la porte, et installez-vous confortablement devant. Essayez de vous concentrer le plus possible sur l'évolution de la pâte. Regardez-la fondre, puis s'étaler doucement. Laissez-vous hypnotiser par son changement d'aspect (mais ne vous endormez pas !). Si vos pensées s'égarent, recentrez votre attention sur vos cookies.

La cuisson dure en moyenne 7 à 9 minutes, selon votre four. Soyez particulièrement vigilant durant les dernières minutes ! Dès que vos cookies sont bien cuits sur les bords mais encore légèrement crus au centre, retirez la plaque du four. Ils continueront à cuire une fois sortis et durciront quand le beurre aura refroidi.

Après avoir tout rangé et nettoyé (si si, on insiste), servez-vous un verre de lait et savourez le résultat de votre dur labeur.

Et rendez-vous à l'étape 4 lorsque vous serez prêt à dévorer le dernier cookie de la fournée.

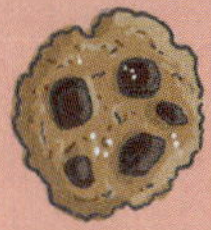

Étape 4
Le dernier cookie

Nous y voilà : vous mourez d'envie d'engloutir l'ultime cookie survivant ET d'avancer dans vos réflexions.

Prenez le temps de vous installer avec votre petit camarade à grosses pépites dans un endroit calme et assurez-vous de ne pas être dérangé pendant les vingt prochaines minutes.

Refaites une dernière fois l'étape 1. (Oui, encore ! Mais promis, c'est la der des ders !) Votre cerveau est bien vide ? Alors vous allez pouvoir remplir votre estomac !

Mangez consciencieusement votre dernier biscuit et formulez clairement par écrit vos réponses aux questions que vous vous posiez.

Et puis, relisez-vous.

Que ressentez-vous ? Vous sentez-vous confiant ? Rassuré ? Incertain ? Anxieux ? Est-ce une émotion agréable ou, à l'inverse, désagréable ?

Si votre ressenti est positif, c'est parfait ! Ne touchez plus à rien. Mais si, au contraire, il est négatif (et ce n'est pas grave !), alors on vous conseille de reprendre cette étape dans quelques jours pour ajuster votre réflexion jusqu'à complète satisfaction. Et vous pourrez toujours refaire des cookies pour vous y aider !

Mes capacités

« Tout le monde savait que c'était impossible à faire.
Puis un jour est venu un homme qui ne le savait pas.
Et il l'a fait. »
Winston Churchill
(Rien à voir avec Churchill, notre teckel à poils longs.)

Voilà une ode à la reconversion ! (On voulait placer le terme « ode » quelque part, ça fait sérieux.) En commençant un nouveau métier, vous allez rapidement prendre conscience que votre profil est probablement très éloigné de celui des professionnels du secteur choisi.
Plutôt que de considérer cette différence comme un frein ou un obstacle, faites-en une force ! Croyez-nous : pour un recruteur, ou pour se lancer dans l'entrepreneuriat, être un mouton à cinq pattes est un véritable plus. Vous apporterez un regard neuf sur certaines situations et un nouveau souffle (lavez-vous bien les dents) dans votre milieu.

Faites ici la liste de toutes les compétences acquises dans vos précédentes activités. Et vous verrez que vous savez en faire, des trucs.

Job:
compétence:

Job:
compétence:

Job:
compétence:

Job:
compétence:

Job:
compétence:

Job:
compétence:

Mon entourage

« Votre [...] fille m'a renversé une pleine soupière de bouillon sur toute la zone génitale, ça m'a LITTÉRALEMENT cuit les boules ! Vous remarquerez à quel point il m'est égal de parler de mes noix à ma belle-mère[1], famille de tarés ! »
Kaamelott, Livre VI, « Lacrimosa »

Il y a fort à parier que lors de vos prochaines réunions de famille vous vous rappellerez (non sans émotion) cette phrase du roi Loth.

Tout ça pour dire que votre réorientation aura une incidence sur votre entourage, et que chacun aura un avis sur la question. Préparez-vous à faire face à des remarques plus ou moins acerbes et à devoir vous justifier à chaque repas dominical. Pour que vous soyez bien armé (tel le roi Loth), faites la liste des personnes que votre évolution de carrière risque de toucher de près ou de loin, et de quelle manière. Quels seront les impacts de vos possibles changements d'horaires, de rémunération, de localisation, etc. ?

1. Rien à voir avec notre belle-maman super star.

nom :
Incidence
nom :
incidence
nom :
incidence
Moi
nom :
incidence
nom :
Incidence
nom :
Incidence

Ma situation financière

« Je dis, argent, trop cher
Trop grand
La vie n'a pas de prix[1] *»*
Téléphone

Même si, vous aussi, vous adorez chanter Téléphone à tue-tête dans votre voiture au point de faire sourire les passagers des véhicules alentour, vous allez devoir remettre un tout petit peu en cause les paroles sacrées de Jean-Louis.
Parce que, oui, changer de voie rime parfois avec baisse de salaire, nous vous conseillons d'avoir une idée précise de vos besoins financiers, pour pouvoir aborder sereinement cette nouvelle étape de votre parcours professionnel.

______________________________ €
par mois

1. Téléphone, « Argent, trop cher », *Au cœur de la nuit*, 1980 ;
paroles de Jean-Louis Aubert © Téléphone musique éditions.

MES COMPTES

		Total
 Mes revenus		
 Mes dépenses fixes		
 Mes loisirs à provisionner		
 Mes imprévus à provisionner		

Mes peurs

« Courage,
hardiesse
et force d'esprit. »

La doctrine de Gryffondor, l'une des quatre maisons de la célèbre école de magie Poudlard, imaginée par J. K. Rowling, met en lumière trois qualités jugées indispensables pour changer de vie.

Or, comme on l'a vu précédemment avec nos huit bonnes raisons d'avoir les chocottes, la peur peut vite prendre le dessus, que ce soit face à un troll des cavernes ou face à l'inconnu. Ces craintes peuvent être fondées ou non, mais la meilleure façon de les combattre est de les identifier pour pouvoir préparer un plan d'action adapté. (Et vous pouvez toujours lancer un sort contre vos peurs ; essayez *Avada kedavra !* Vous nous en direz des nouvelles.)

-
-
-
-

Mes freins

« Le ciel vous tombe sur la tête ? »

D'après le grand penseur gaulois Skyisthelimix[1], le ciel ne tomberait pas plus souvent sur la tête des reconvertis que sur celle des autres. Il aurait même gravé récemment une tribune dans le marbre du célèbre hebdomadaire *Le Figarus*: « Un reconverti averti en vaut dix. »

En réponse à la polémique, son ami, le célèbre philosophe Bernarenrilevix, nous éclaire (de Zeus) en rappelant que « connaître ses limites est un bien précieux pour qui veut les dépasser ».

Selon vous, quelles sont les limites à votre reconversion ? Geographiques ? Physiques ? Formation*iques* ou diplôm*iques* ?

1. Également connu sous le nom de Lecielestlalimix.

L'heure du bilan #1

C'est le moment de prendre une heure entière pour vous. Pour que cette pause soit de qualité, mettez-vous en condition. Choisissez un endroit calme où vous ne serez pas dérangé (votre lit/baignoire/jardin/cave, peu importe), prévenez votre entourage que vous avez besoin d'être tranquille, munissez-vous d'un surligneur et, surtout, d'une bonne tasse de chocolat chaud.

D'ailleurs, voici notre recette pour un breuvage terriblement réconfortant.

Lait (animal ou végétal) : 260 ml
Chocolat noir pâtissier : 75 g
Dans une casserole, faire fondre le chocolat dans le lait et porter à frémissement.
C'est tout :)

Maintenant que vous êtes bien installé, relisez calmement toutes vos réponses, depuis le début. N'hésitez pas à les compléter ou à les modifier si vos réflexions ont évolué. Vous pouvez également surligner tout ce qui vous paraît essentiel à l'issue de cette première partie.

Enfin, posez-vous cette question :

Ai-je vraiment envie de changer de vie professionnelle ?

☐ **OUI**

☐ **NON**

Si la réponse est **OUI**, rendez-vous en page suivante !
Que vous ayez ou non une idée de votre futur métier, cette première partie du cahier d'exercices vous servira quoi qu'il en soit de base pour développer votre projet.

ON AVANCE

HELP! I need somebody, help!

Pas de panique, vous n'êtes pas seul ! Pour vous accompagner dans ce cheminement professionnel, des organismes vous proposent leur aide gratuitement. Et ils sauront vous éclairer ! En voici une liste non exhaustive :

Chambre des métiers et de l'artisanat (**CMA**)
Chambre de commerce et d'industrie (**CCI**)
Les groupements d'établissements (**GRETA**) (pas la petite écolo)
Pôle emploi
Association pour l'emploi des cadres (**Apec**)
Conservatoire national des arts et métiers (**Cnam**)

Si vous pensez avoir besoin d'un accompagnement personnalisé, vous pouvez faire appel à des conseillers indépendants, plus communément appelés coachs en reconversion. (Coucou ! C'est nous !)

Choisissez en priorité une personne avec qui vous vous entendez bien et dont la méthode est susceptible de vous convenir (oui, on a chacun la nôtre !). Elle pourra ainsi construire avec vous une relation privilégiée, indispensable pour vous épauler tout au long de votre parcours.

Votre nouveau livre de chevet

Vous avez enfin choisi un métier ? Bravo !
Avant de continuer, nous vous proposons une petite lecture très intéressante : la convention collective de votre future activité. OK, ça n'a pas l'air sexy, mais on peut vous assurer qu'elle vous permettra de comprendre tout ce qu'on attendra de vous, que ce soit en tant que salarié, indépendant ou employeur. Vous y trouverez des informations sur les conditions de travail, ainsi que le temps de travail, les droits et devoirs de chacun, etc.
Pour la consulter, rendez-vous sur le site : www.legifrance.gouv.fr
Bonne lecture, et prenez des notes si le cœur vous en dit.

Thèse, antithèse… foutaises ?

Ah, les dissertations ! Ça vous rappelle de bons souvenirs ? Avec le sacro-saint plan (thèse, antithèse, synthèse) : argumenter en faveur d'une idée en se basant sur les réflexions d'un philosophe célèbre, démontrer son contraire en utilisant celles d'un autre, et enfin faire la synthèse de tout ça. Le but ? Vous prouver que sur un même sujet, personne n'a raison. Tout est une question de point de vue.
Nous vous invitons donc à trouver au minimum deux professionnels exerçant le métier que vous convoitez, pour échanger avec eux sur leurs expériences respectives[1].
Préparez vos questions ci-dessous. Puis, une fois que vous interrogerez ces deux (ou trois, ou quatre…) pros, gardez en tête que ce qui peut être négatif pour une personne peut être positif pour une autre (vous !), et vice versa.

1. Pourquoi deux personnes au minimum ? Parce que vous pourriez tomber sur Géraldine, la fille SU-PER SYM-PA qui a toujours trouvé que, dans son job, tout était évident et simple, et qui va donc tout faire pour vous convaincre que son métier est FOR-MI-DABLE, mais aussi sur Gérard, qui estime que faire son métier est un devoir et que vos aspirations au bonheur dans votre vie professionnelle est un luxe que seul les bobos dans votre genre peuvent se permettre – de quoi vous plaignez-vous ? Aussi, vous aurez une vision plus proche de la réalité en faisant une synthèse des deux.

Parler, c'est bien mais... agir, c'est mieux !

À ce stade, soit vous êtes de plus en plus convaincu par votre choix, soit vous vous demandez si c'est vraiment le bon. Dans les deux cas, il est temps de vous confronter à la réalité du terrain et de trouver un stage pour vous faire une meilleure opinion.

Un stage en entreprise n'est autorisé que grâce à une convention tripartite. Attention à bien respecter ce cadre légal, qui vous protège en cas d'accidents, etc.

Tripartite ? Kézako ? Cela signifie que la convention doit être signée par trois entités distinctes :

1 **L'organisme qui vous fournira la convention** et qui vous garantira un cadre légal (Pôle emploi, la CCI de votre région, l'établissement de formation…).

2 **L'entreprise d'accueil.**
Veillez à bien baliser le terrain pour connaître les modalités de stage. N'oubliez pas que, malgré votre bonne volonté, vous allez apporter plus de travail que d'aide à vos collègues pendant ces quelques jours. Il faut donc s'assurer que vous avez bien conscience des tâches que vous allez accomplir, pour que l'expérience soit la plus utile possible pour vous mais également la moins contraignante pour la structure qui vous ouvrira ses portes.

3 **Vous.**
C'est la dernière étape, et c'est aussi la plus facile.

L'heure du bilan #2

Si vous vous apprêtez à compléter le bilan qui suit, c'est que vous avez réussi à trouver un stage et qu'il est terminé. Félicitations ! C'est une grande étape dans le cadre de votre reconversion. Pour vous aider à faire le point sur votre expérience, mettez-vous en condition avec une tasse de chocolat chaud (dont vous maîtrisez maintenant la recette à la perfection), prenez votre plus beau stylo à paillettes et répondez aux questions ci-après.

Dans quel service mon stage a eu lieu ?

Le cadre de travail m'a-t-il convenu ?

Les tâches périphériques que j'ai découvertes :

Ces tâches m'ont-elles surpris ?

Me conviennent-elles ?

Sur une échelle de 1 à 10, à quel point étais-je proche de la réalité du métier ?

De manière générale, je considère ces découvertes comme positives ou négatives ?

Puis-je me projeter ou non dans ce métier ?

Ai-je d'autres remarques ?

ON S'ORGANISE

1
Mes *skills*

Maintenant que vous avez expérimenté le poste que vous convoitez, vous mesurez probablement l'écart entre vos compétences et les besoins du métier.
Chaque jauge ci-dessous représente un savoir-faire. Listez-les et évaluez-vous. Vous aurez ainsi une meilleure idée du chemin à parcourir pour atteindre votre but. (Et souvenez-vous : qu'importe son niveau, un teckel garde toujours la tête haute !)

2
Me former

Le retour sur les bancs de l'école peut être effrayant. Que vous ayez quitté le milieu scolaire depuis longtemps ou non, sachez qu'une formation est presque inévitable dans le cadre d'une reconversion.

Avant de vous lancer sur ce chemin de croix (on aime toujours autant exagérer), renseignez-vous sur les différentes options.
Quels sont vos droits à la formation ? Quelle sera la durée de ladite formation ? Quel en sera le montant ? Où pouvez-vous apprendre ce nouveau métier ?
Pour répondre à ces interrogations et vous orienter au mieux, vous pouvez à nouveau contacter les organismes d'aide à la reconversion (voir p. 152).

Vous êtes désormais bien renseigné ?
Alors on vous laisse avec THE question.

Êtes-vous prêt à suivre cette formation ?

☐ OUI ☐ NON

3
Le choix du statut

Hélas, pas de choixpeau magique tout droit sorti de Poudlard pour vous aider à prendre cette décision. Le choix du statut est crucial dans une carrière professionnelle ; il est aussi déterminant pour votre avenir que pour le métier en lui-même.
Votre quotidien sera totalement différent si vous exercez votre activité en tant que salarié, bénévole, indépendant ou chef d'entreprise. Pour refaire un point sur toutes les possibilités, replongez-vous dans la deuxième partie du cahier d'exercices.
Toujours pas décidé ? Faites ce petit test pour vous aider à sélectionner le statut qui vous correspondra le mieux.

Vous avez une majorité de A : le salariat
Il vous pèse parfois mais, après tout, il vous offre des avantages auxquels vous n'êtes pas prêt à renoncer. Vous avez besoin de sécurité et de garanties concernant votre avenir, et il faut bien avouer qu'il est le seul à pouvoir vous proposer cette sérénité. Une fois votre formation terminée, vous aurez tout le loisir de chercher une entreprise dont les valeurs vous correspondent et dans laquelle vous aurez envie de vous impliquer !

Vous avez une majorité de B : l'indépendance
C'est un mot qui fait peur et qui fait frétiller, un peu comme lorsque vous avez quitté la maison de vos parents pour vous installer dans votre premier T-0 (mais si, vous savez, le studio avec les wawas sur le palier et le lit/bureau/table tout en un). Eh bien, mener sa vie professionnelle en indépendant, c'est pareil. Sur le papier, ça fait rêver, mais en réalité, il était quand même top ce poulet rôti le dimanche midi. On ne va pas vous mentir : ce n'est pas un statut que l'on choisit par confort, et la liberté à laquelle vous aspirez n'est qu'illusoire. Mais si vous aimez les défis, vous allez vraiment vous amuser !

Vous êtes à parfaite égalité
Recomptez bien, c'est impossible.

	A	B
J'ai besoin d'être encadré.	oui	non
Dormir, c'est surfait.	non	oui
Je veux mes week-ends et mes cinq semaines de congés payés par an.	oui	non
J'aime avoir des collègues.	oui	non
Je veux un salaire fixe garanti.	oui	non
J'ai une grande capacité à gérer les imprévus.	non	oui
Les week-ends et les vacances ? C'est *so* 2019 !	non	oui
J'ai besoin de liberté pour être efficace.	non	oui
J'aime l'andouillette.	oui	non
La solitude ne me dérange pas.	non	oui
Les arrêts maladie ? Je ne suis JA-MAIS malade !	non	oui
J'adore la paperasse.	non	oui
J'ai une phobie administrative.	oui	non
Ma vie de famille passe avant tout.	oui	non
Salade, tomates, oignons.	oui	non

L'heure du bilan #3

C'est bientôt l'heure de nous quitter (vous aussi, vous avez la larme à l'œil ?), et j'espère que vous êtes conscient et fier du chemin que vous avez parcouru !
Mais, *last but not least*[1], cette dernière étape est probablement la plus importante de toutes. Alors, on vous propose d'appliquer une nouvelle fois notre méthode cookies (en page 136).

Suis-je certain du métier choisi ?

La formation que je dois suivre me convient-elle ?

Sous quel statut je souhaite exercer ?

À quel point suis-je enthousiaste vis-à-vis de ce projet ?

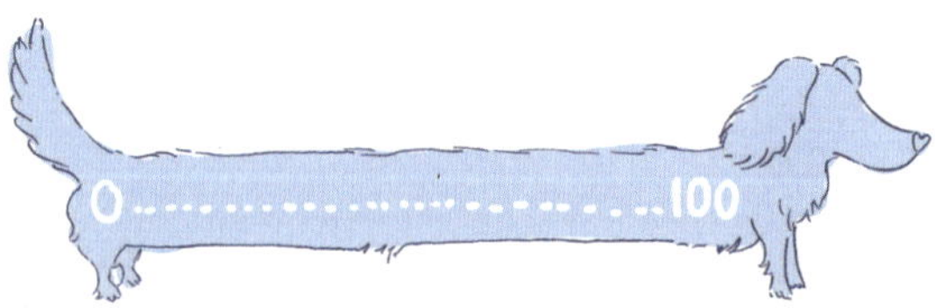

Pourquoi ?

Je me lance ?

---

1. Ce qui signifie « pompon sur la Garonne », ou un truc du genre.

Comme dirait Jean-Louis, « Voilà, c'est fini[1] ! »
Jean-Luc, Jean-Louis, Jean-Jacques, Johnny, Churchill et les autres vous remercient d'avoir été jusqu'au bout de vos rêves, mis des paillettes dans votre vie, allumé le feu en vous et fait l'impossible.
Et n'oubliez jamais :

« À force de vouloir rentrer dans un moule, on finit par devenir tarte ! »

1. Jean-Louis Aubert, « Voilà, c'est fini », *Bleu, blanc, vert*, 1989 © Éditions La loupe.

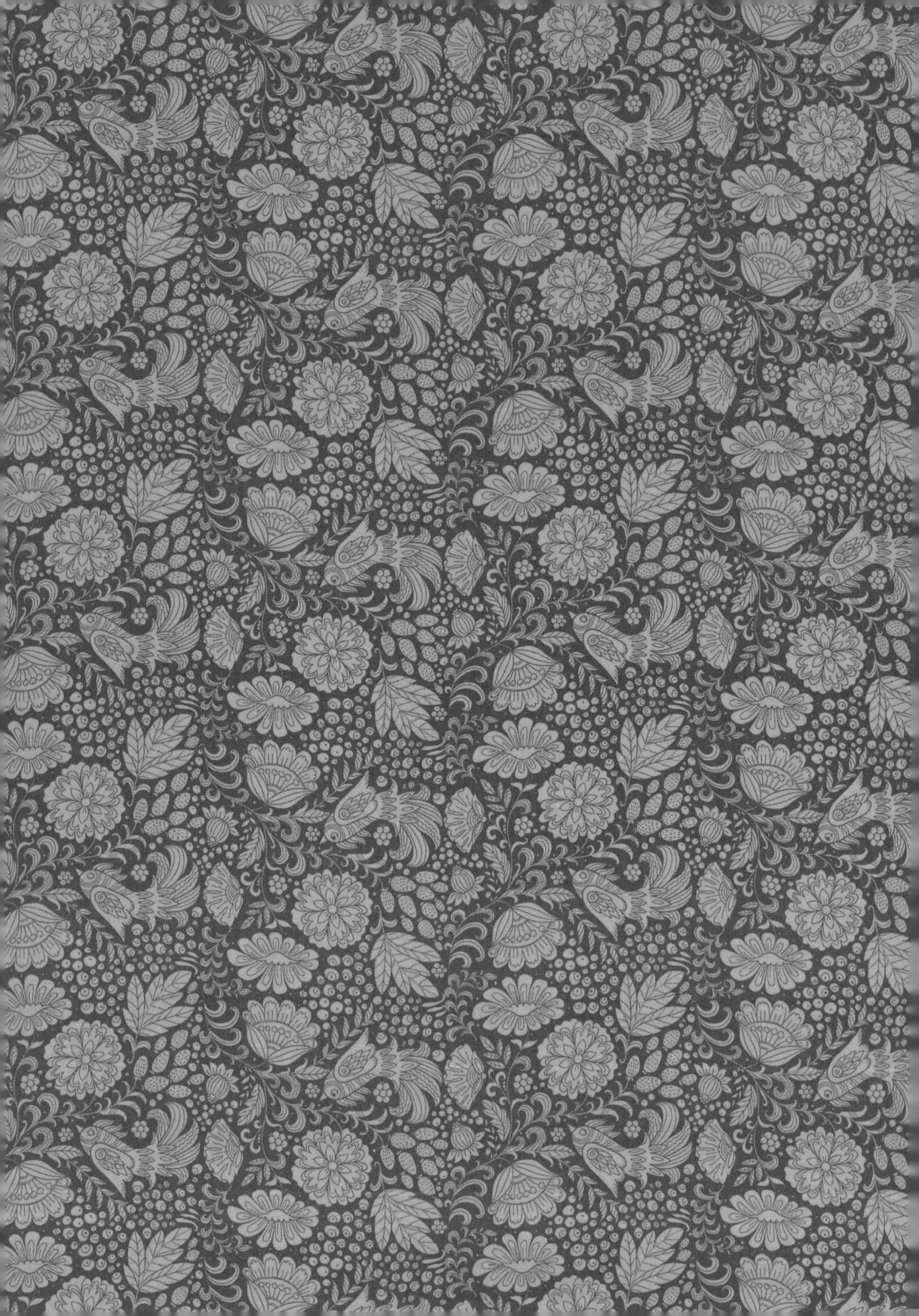

REMERCIEMENTS

Le saviez-vous ? Selon une étude ultra rigoureuse et scientifique menée sur un échantillon de quatre personnes de notre entourage, absolument personne ne lit les remerciements dans les bouquins. Ah si, on en connaît un, mais c'est un type qui collectionne les ailes de mouche dans une petite boîte en métal, vous voyez le genre ? C'est con parce que les nôtres sont mortels. Les remerciements, pas les ailes de mouche.

On tient tout d'abord à vous remercier d'avoir acheté notre livre et de l'avoir lu jusqu'au bout. (Ben quoi, on peut rêver ?) Si vous l'avez volé, préparez votre valise, la maréchaussée est en chemin. Et si vous n'avez regardé que les images, c'est déjà pas mal, il n'y a pas de petites victoires. Ce livre, on l'a écrit en pensant à vous et on espère qu'il vous sera utile. Même si c'est pour allumer un feu de cheminée.

Nos premières pensées vont à Delphine Roché, notre éditrice au cherche midi. Nous lui serons éternellement reconnaissants pour son mail de juillet 2019, sa patience, sa bienveillance, ses encouragements, son accompagnement et son humour (parce qu'elle a validé 99 % de nos blagues). Elle a joué le rôle de phare dans la nuit, de maman, de psy, de copine de goûter et de relectrice attentive. Elle mérite sa statue dans notre « poney-club ». Merci également à toute l'équipe du cherche midi pour sa disponibilité tout au long de ce projet un peu fou.

Reconnaissance éternelle aux parents de Marine, Georges et Laurence, pour leur soutien et leur aide quotidienne, et ceux d'Alexandre qui l'ont rendu bien névrosé, donc super drôle à l'écrit. On n'oublie pas non plus Churchill, notre teckel à poils longs, qui nous apporte toute la légèreté dont nous avons besoin dans les moments les moins évidents. Et bébé George qui nous a encouragés à coups de pied dans le ventre de Marine. C'est novateur. Ça promet.

Un gros bravo à notre équipe – Emma, Julia, Jeanne, Hugo, Julien, Fatima, Laury, Jean-Charles, Marie, Pauline et Laurence – qui nous a permis de mener ce projet parallèle de la parallèle dans les meilleures conditions. Vous gérez !

Merci à Contrex, notre partenaire minceur. Non, on déconne : c'est Coach Kevin.
Sans oublier Jean-Pierre Van Severen, éternel mentor d'Alexandre.

Et une pensée toute particulière pour Monique, la mamie de Marine, qui doit être fière d'elle, là-haut.

Bisous et bonne(s) reconversion(s) !

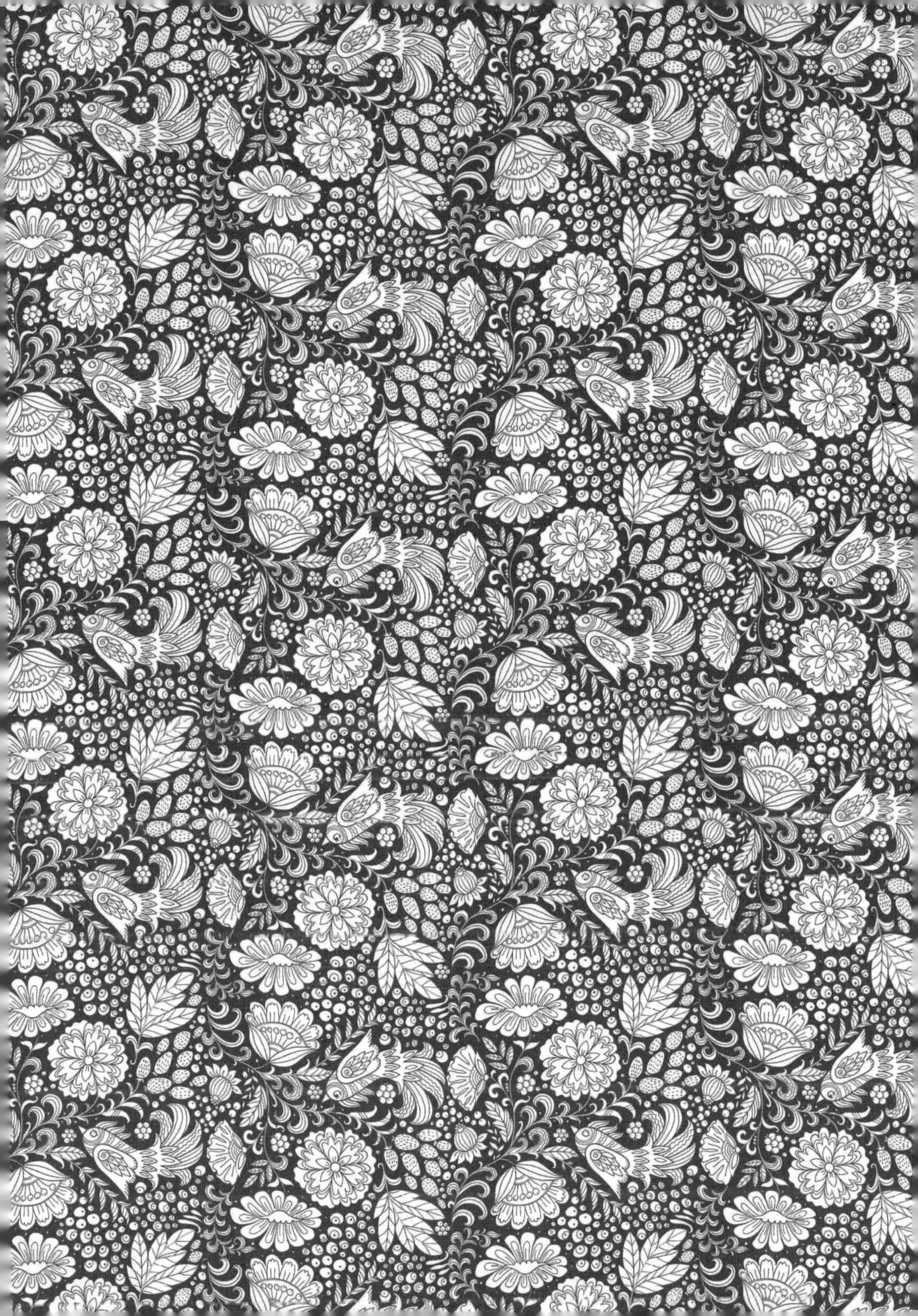

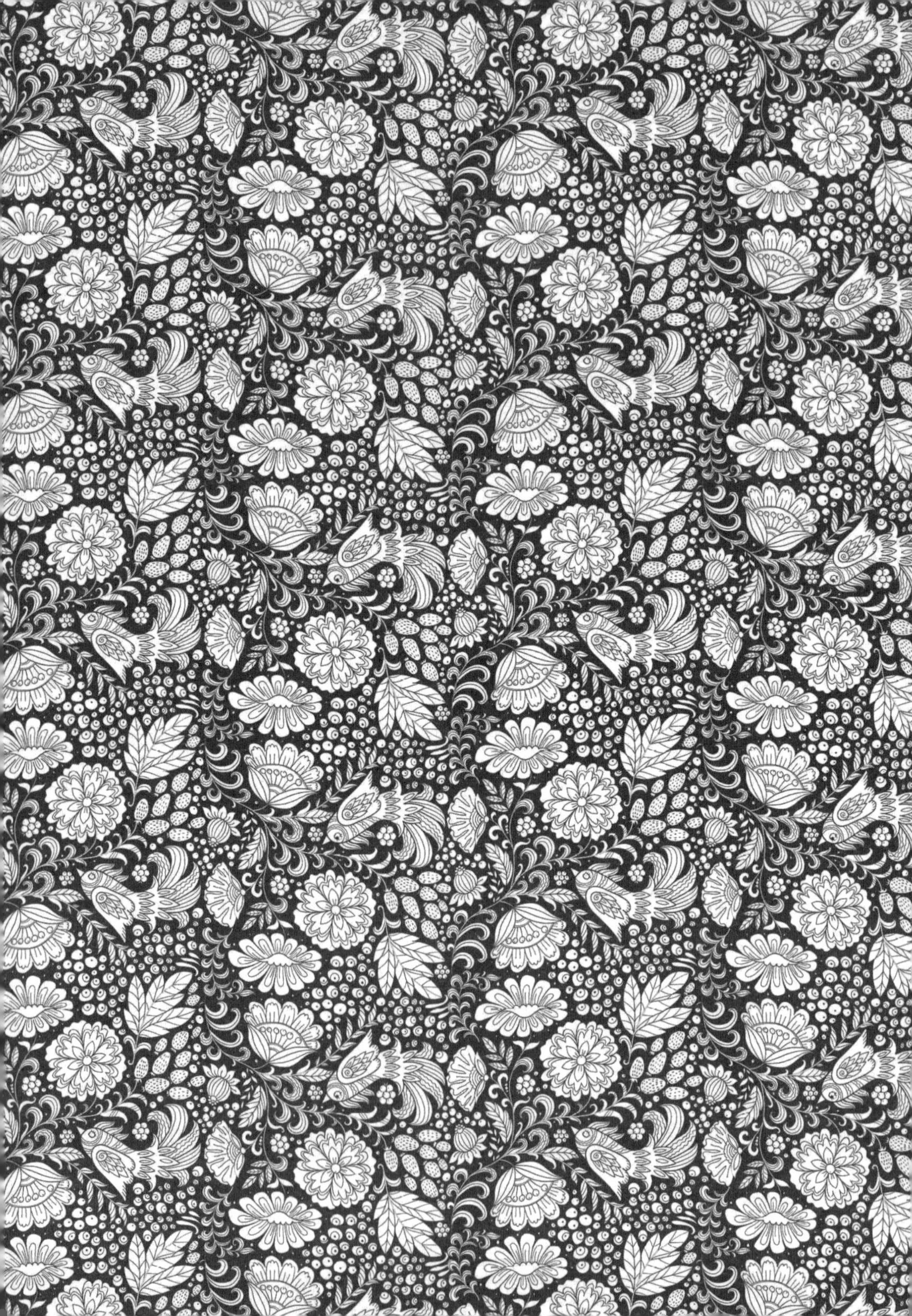

TABLE DES MATIÈRES

PARTIE 2

10 bonnes raisons (et plus si affinités) de vous reconvertir

PARTIE 3
La face cachée de la reconversion

PARTIE 4
8 bonnes raisons d'avoir les chocottes

LE CAHIER D'EXERCICES DE VOTRE RECONVERSION (inclus : la méthode cookies)

Impression & brochage sepec - France
Numéro d'impression : 08271200718

IMPRIM'VERT®